La Conspiration du siècle

Données de catalogage avant publication (Canada)

Chabin, Laurent, 1957-
La Conspiration du siècle
(Collection Atout; 63-64. Policier)
Pour les jeunes.
ISBN 2-89428-581-7

I. Titre. II. Collection : Atout; 63-64. III. Collection : Atout. Policier.

PS8555.H17C645 2002 jC843'.54 C2002-940179-8
PS9555.H17C645 2002
PZ23.C42Co 2002

Les Éditions Hurtubise HMH bénéficient du soutien financier des institutions suivantes pour leurs activités d'édition :

- Conseil des Arts du Canada;
- Gouvernement du Canada par l'entremise du Programme d'aide au développement de l'industrie de l'édition (PADIÉ);
- Société de développement des entreprises culturelles au Québec (SODEC);
- Gouvernement du Québec par l'entremise du programme de crédit d'impôt pour l'édition de livres.

Éditrice jeunesse : **Édith Madore**
Conception graphique : **Nicole Morisset**
Illustration de la couverture : **Stéphane Jorisch**
Mise en page : **Lucie Coulombe**

Téléphone : (514) 523-1523 • Télécopieur : (514) 523-9969
www.hurtubisehmh.com

Distribution en France
Librairie du Québec/DEQ
Téléphone : 01 43 54 49 02 • Télécopieur : 01 43 54 39 15
Courriel : liquebec@noos.fr

Dépôt légal/1er trimestre 2002
Bibliothèque nationale du Canada
Bibliothèque nationale du Québec

Imprimé au Canada

Laurent Chabin

La Conspiration du siècle

Collection **ATOUT**

Laurent Chabin est né en France. Il a choisi de s'installer en Alberta au pied des montagnes Rocheuses. C'est là qu'il s'est mis à écrire de façon professionnelle en commençant… par des contes de fées !
Laurent a reçu la mention honorable au prix Champlain 1998 pour *L'Assassin impossible*, et il a été finaliste du prix Christie 1996. Son roman *Sang d'encre* a figuré parmi les dix livres préférés des adolescents dans le Palmarès de Communication Jeunesse.

Les mensonges, si tout le monde y croit,
ne sont évidemment plus des mensonges.

Leonid Choutovskoï

1

LANCE CARDSTON

Tous sont morts…

Tous ceux qui, à un moment ou à un autre, ont été partie prenante dans cette histoire, ont impitoyablement été assassinés, enlevés, exécutés… Toujours dans la plus grande discrétion, bien sûr, sous l'apparence d'accidents, de suicides, de crimes crapuleux… Et moi, aujourd'hui, je suis le dernier !

Les responsables, eux, n'ont jamais été pris, jamais été nommés. Je sais qu'ils rôdent autour de moi, qu'ils installent leurs trappes, resserrent leur filet…

J'ai dû changer de nom à plusieurs reprises, de domicile, d'amis, même. Les amis, en fait, si tant est que j'en aie eu, c'est plutôt moi qui ai rompu tout contact avec eux ! Chaque ami, hélas, est un piège, un appât avec lequel on vous attire, une piste facile que le premier limier débutant est capable de remonter.

J'ai fini par échouer à Calgary, dans l'Ouest canadien, où j'avais déjà vécu auparavant.

Il m'a fallu rompre les ponts. Cette fois, j'étais allé trop loin. Je l'ai cherché, d'accord, et, d'une certaine manière, j'en suis fier, même si je dois maintenant vivre comme un rat.

J'ai été journaliste, autrefois. Indépendant. Les gens de la profession me considéraient comme un type plutôt bizarre, vaguement anarchiste, peut-être plus ou moins « ufologue ». En fait, je fouillais les poubelles des grands pour révéler leurs turpitudes.

Il ne faut pas croire que je recherchais le détail croustillant, plus ou moins grivois, qui m'aurait permis de faire un scoop dans la presse populaire. Ce n'était pas le genre de scandale qui m'intéressait. Ce que je pourchassais sans relâche, c'était l'abus de pouvoir, la corruption, le mensonge politique.

Bien sûr, j'avais la manie du secret et le goût de l'énigme. Fouineur infatigable, j'exhumais et interprétais le moindre événement inexpliqué, dédaigné par mes confrères, comme l'indice d'une affaire importante qu'on cherchait peut-être à étouffer.

Convaincu que les gouvernements nous trompent et que leurs agissements s'effectuent la plupart du temps dans l'ombre, je traquais partout où je le pouvais, en solitaire, les faits les plus infimes sur lesquels j'estimais que la lumière n'avait pas été faite par la police — ce qui était normal puisque celle-ci était à la solde des gouvernements ! — mais aussi par la presse officielle, que j'accusais de ne pas faire son travail et d'être vendue au pouvoir en place.

Lorsque je me suis intéressé à la mort de Carway, je pensais simplement, au départ, que la vérité sur sa disparition, survenue de façon assez étrange, risquait de salir la réputation de politiciens locaux, de rois du blé ou du bœuf ou, de façon plus plausible, d'attirer l'attention sur une bande de braconniers opérant dans les parcs nationaux.

La mort de Larry Carway, ici, en Alberta, n'avait fait l'objet que d'articles minimalistes de la part des quotidiens du sud de la province. Le cadavre d'un Américain inconnu retrouvé gelé au cœur du Glacier National Park, dans le Montana, ça n'avait rien de palpitant !

Côté américain, rien de mieux. On y était allé du couplet habituel sur l'imprudence des touristes qui fréquentent les zones sauvages du parc sans préparation et sans se signaler aux rangers. Bref, une mort anodine. Une mort pour rien. Les lois sur l'enregistrement des armes à feu, c'était autrement important, d'un côté comme de l'autre de la frontière !

Personne — dans la presse, je veux dire — ne s'était donc posé de questions sur l'infortuné ni sur les circonstances précises de sa mort. Et pourquoi s'en serait-on posé ?

Pour deux raisons. Moi, qui le connaissais un peu, je savais qu'il était extrêmement méticuleux. C'était un type qui n'entreprenait rien à la légère, un habitué chevronné de la montagne, prudent, à qui tout pouvait arriver sauf… un accident de ce genre. Quant à l'autre raison, elle semblera peut-être, venant de moi, du parti pris. Pourtant, à elle seule elle aurait été suffisante : Carway était journaliste.

Quand un journaliste meurt, ce n'est jamais innocent. Et si la mort semble accidentelle, il ne faut s'en émouvoir que davantage : cela signifie probablement qu'on a cherché à maquiller un crime ! Paranoïaque ? Non, lucide. Je sais de quoi je parle…

Cela faisait plusieurs années que je n'avais pas vu Carway, mais j'avais travaillé autrefois avec lui sur un dossier relatif aux agissements des groupes millénaristes basés dans le Montana. Je connaissais donc assez bien la région, que nous avions sillonnée ensemble.

À l'annonce de sa mort, j'avais sauté dans ma voiture et pris la route n° 2 vers le sud. Comme d'habitude, le passage de la frontière, aux environs du Parc national de Waterton, m'avait causé un certain malaise. Après la cabane des douaniers américains, il faut parcourir des kilomètres et des kilomètres avant de voir une cheminée fumer.

Je me pose toujours la même question, en passant à cet endroit : où vivent ces pauvres types, qui n'ont rien d'autre à faire de la journée que regarder avec suspicion deux touristes ou trois paysans qui franchissent les lignes ? D'où viennent-ils, chaque matin, au travers d'un *no man's land* sinistre, pour échouer tout au bout de leur monde, sur cette ultime frontière au-delà de laquelle s'étirent les étendues désolées du Canada, terres glacées et inhospitalières où de rares habitants, déshérités, survivent comme des sauvages, vaguement recouverts de peaux de bêtes, terrés dans des igloos ou des baraques en rondins ?…

Passé la guérite de la douane, heureusement, la montagne reprend ses droits et, de nouveau, l'air devient respirable.

Parti très tôt de Calgary, j'étais donc arrivé en fin de matinée à Babb, un hameau d'où part, en direction de Many Glacier, une route fermée l'hiver. C'est là-haut, au-delà de l'extrémité ouest du lac Sherburne, que le corps de Carway avait été retrouvé quelques jours plus tôt, lors de l'ouverture de la route par les rangers du parc.

Bien sûr, je n'espérais pas découvrir grand-chose. À Babb, à cette époque, on n'aimait pas trop entendre parler de cadavres : le souvenir du *Boucher du Montana*, qui avait défrayé la chronique quelque temps auparavant, était encore vivace et douloureux. Le corps d'une de ses victimes avait d'ailleurs été retrouvé tout près d'ici.

Je m'étais cependant arrêté un moment à Babb, où j'avais fait une pause dans deux ou trois cafés ou restaurants.

Apparemment, d'après ce que m'avait raconté un forestier un peu plus bavard que les autres avec qui j'avais pris une bière, le cadavre de Carway avait passé l'hiver dans la neige et il ne fallait pas s'attendre à trouver la moindre trace à proximité.

Mais je voulais, en essayant de me mettre à sa place, comprendre ce qui avait pu amener Carway dans un endroit pareil, qui ne voit passer qu'une poignée de touristes en été et reste totalement désert en hiver. Mon idée étant, on s'en doute, qu'il n'y était pas venu de son plein gré, mais qu'on l'y avait attiré dans le but de le supprimer.

Arrivé à l'extrémité du lac, il fallait continuer le chemin jusqu'à un ruisseau, abandonner la voiture et remonter le courant sur quelques mètres. C'est là qu'on avait trouvé Carway, à quelques pas de l'eau. Mais comment un habitué des randonnées de montagne tel que lui avait-il pu se laisser prendre, même en hiver, dans un endroit situé à une quinzaine de kilomètres à peine de la route principale ?

J'étais en train d'examiner les lieux, sans y croire vraiment, quand j'avais entendu le bruit d'une voiture arrivant sur le chemin. Ne tenant pas à ce qu'on me voie en train de fouiner — je connais les gardes, même s'ils ne sont pas de la police ! —, j'étais revenu sur mes pas en affectant l'allure la plus « touristique » possible.

De sa Jeep marquée de l'emblème des parcs nationaux américains, un type me regardait approcher, avec ce faux air blasé qu'ont les gens qui n'ont rien d'autre à faire que surveiller ce que font les autres. Jouant mon rôle, je lui avais adressé un grand sourire en lui lançant : « Beau temps, n'est-ce pas ? »

Le garde était alors descendu de voiture et m'avait demandé dans quelle direction je comptais aller.

— Vous êtes le premier randonneur de l'année. La météo est encore instable, vous devriez vous montrer prudent. On ne devrait jamais partir seul, par ici…

Cet avertissement n'était peut-être qu'un simple conseil, tout à fait de circonstance, mais on pouvait aussi l'interpréter comme une menace. L'incitation à la prudence pouvait dissimuler un coup de semonce.

— Je connais bien ces montagnes, avais-je répliqué d'un ton jovial. Pas comme ce pauvre type qu'on a retrouvé par ici, hein ! Il y a des gens vraiment imprudents.

Pas un muscle n'avait tressailli sur le visage du garde. C'était un homme plus très jeune, aux cheveux blancs, qui avait dû voir défiler au cours des années des milliers de touristes. Il avait simplement hoché la tête et déclaré lentement :

— Imprudents ? Inconscients, oui. Cet homme n'avait même pas de sac à dos sur lui quand je l'ai trouvé, pas le moindre équipement. C'est insensé.

— Un de ces gars de l'Est, j'imagine, qui croient tout savoir et nous prennent pour des sauvages…

— Je ne crois pas, avait repris le garde, qui semblait se dégeler un peu. Il était d'ici, lui aussi. Mais un peu fou, sans doute. Enfin, il est mort dans les bras du Seigneur, dirait-on. Jamais je n'avais vu un cadavre pareil !

Face à mon air ahuri et mes yeux ronds comme des soucoupes, il avait ajouté :

— Allongé sur le dos, les bras en croix, les yeux grands ouverts. C'est comme ça qu'il était quand je l'ai découvert. Il avait compris qu'il n'y avait plus rien à faire, sans doute, que son voyage était terminé et qu'il n'avait plus à attendre de secours que du Très-Haut.

Il m'avait fallu faire un effort sur moi-même pour ne pas laisser paraître mon trouble. Je m'étais contenté de sourire d'un air triste et avais tourné les talons, en marmonnant que j'allais suivre ses conseils et remettre ma randonnée à un autre jour, avec de la compagnie.

Ce garde innocent m'avait révélé, probablement sans le vouloir, ce que j'étais venu chercher dans ce lieu désert : la certitude que Carway avait été assassiné !

Mourir dans les bras du Seigneur ! Pauvre type, quelle naïveté ! Larry n'était pas plus croyant que moi-même. Comment la police avait-elle pu raisonnablement croire à une explication pareille ? Si on avait retrouvé Carway sur le dos, les bras en croix, c'est qu'on avait disposé son cadavre, *intentionnellement,* dans cette étrange position !

Assassiné, oui, c'était clair maintenant. Mais, s'il était compréhensible que le meurtre ait été maquillé en accident de montagne, pourquoi laisser ensuite le corps dans cette posture invraisemblable ? Tout le travail de dissimulation qui avait été celui de l'assassin se trouvait ainsi réduit à néant. Quel avait pu être le but d'un pareil manège ? Et comment les enquêteurs avaient-ils pu conclure à l'accident ?

La réponse, pour moi, était double. D'une part, la police avait reçu des instructions pour classer l'affaire sans faire de vagues. Mais, d'autre part, la position du cadavre contenait un message, un avertissement, peut-être ; une signature, certainement.

En tout cas, je ne pouvais pas en rester là. Carway avait découvert quelque chose, quelque chose qu'il n'aurait pas dû, et il en était mort. Sur quel trafic était-il tombé, sur quel scandale assez important pour que la police américaine elle-même couvre un crime à peine déguisé ?

Mon flair ne m'avait pas trompé. Carway avait levé un sacré gibier, et il était de mon devoir de savoir lequel. Le mieux à faire était sans doute de me rendre à Helena. C'est là que Larry vivait, dans les années où j'avais travaillé avec lui. Je me demandais d'ailleurs si l'affaire qui lui avait valu de finir si piteusement sa vie dans les montagnes n'était pas reliée aux recherches que nous menions à l'époque.

Ces sectes retranchées dans des ranchs fortifiés, blindés, cerclés de barbelés et de miradors, existent toujours. Armées jusqu'aux dents, et même au-delà, elles se préparent à la fin du monde et, en attendant, se livrent à divers trafics plus ou moins licites, mais en tout cas fort juteux.

L'influence de ces cinglés — qui vous parlaient de Dieu comme s'il s'était agi de quinze bombes atomiques ou d'une épidémie à côté de laquelle la peste ou le choléra auraient fait figure de rhume des foins — était proprement ahurissante.

Elle s'exerçait à tous les niveaux de la vie politique et économique, et Carway n'était pas loin de penser que le gouvernement du Montana, et de quelques autres États, était noyauté, totalement sous influence.

Ce genre de mainmise d'un groupe de pression sur le pouvoir politique est chose courante aux États-Unis, bien sûr. Généralement, quand il s'agit du lobby des armes, du tabac ou des amis des animaux, on sait à peu près à quoi s'en tenir. Mais lorsque des illuminés du genre « la fin est proche » se mêlent de dicter leurs quatre volontés à des politiciens dont ils ont d'ailleurs financé les campagnes électorales, qui sait vraiment *qui* commande, et en fonction de quels objectifs ?

En premier lieu, je devais donc savoir sur quel genre de reportage Carway avait travaillé dernièrement. Ce ne serait pas facile. D'abord parce que Larry, comme moi, n'était affilié à aucun journal en particulier, ce qui m'obligerait à éplucher tous les quotidiens et périodiques de la région ; ensuite parce que si sa mort n'avait été ni commentée ni approfondie par aucun d'entre eux, si tous l'avaient lâché aussi salement, j'aurais du mal à obtenir d'eux le moindre renseignement.

J'avais pourtant l'espoir que, au sein de cette conspiration du silence, un collègue moins inféodé au pouvoir que les autres accepterait de me refiler quelques tuyaux.

Quelques heures plus tard, je me trouvais donc à Helena, la capitale de l'État, ville morose et égarée, plaquée sur ses collines pelées comme un lichen sur une vieille pierre, perdue dans ce Montana qui ne compte, sur ses 380 000 km^2, guère plus d'habitants que la seule ville de Calgary…

J'avouerai que c'est en partie cette rareté de l'homme qui fait le charme du Montana. Je ne suis d'ailleurs pas le seul à le penser. Des misanthropes de tout poil se retrouvent ici, parmi lesquels un certain nombre d'écrivains amateurs de pêche à la ligne et… ces fameuses sociétés plus ou moins secrètes qui capitalisent sur la fin du monde.

À Helena, une après-midi passée à fouiller les archives du principal quotidien local n'avait rien donné. J'avais également tenté d'approcher quelques journalistes, qui m'avaient dit n'avoir pas vu Carway depuis des années. Selon l'un d'entre eux, il avait disparu de la circulation depuis plus d'un an et personne ne savait où il s'en était allé.

Trop tard pour rentrer à Calgary. Je m'étais installé dans un motel miteux, au nord de la ville, sur la route qui mène à Great Falls.

Où Carway était-il passé depuis un an ? J'étais persuadé qu'il n'avait pas quitté le Montana, mais je ne me voyais pas écumer les rédactions de tous les journaux de l'État, ceux de Billings, de Great Falls, de Bozeman ou d'ailleurs, vingt à trente feuilles de chou locales… Mon manège finirait par être remarqué et, si j'en juge par le traitement réservé à Carway, ma carrière pourrait bien se terminer comme la sienne : sous la neige d'un quelconque parc national…

C'est alors que je me suis souvenu d'une librairie de Missoula, petite ville universitaire à deux cents kilomètres environ à l'ouest d'Helena, dans laquelle Carway m'avait souvent emmené. Il y trouvait des livres assez rares et avait développé quelques liens d'amitié, il me semble, avec le propriétaire. Auprès de ce dernier, j'obtiendrais peut-être quelque chose de nouveau.

Le lendemain matin, je m'étais donc rendu à Missoula. J'avais retrouvé facilement la minuscule boutique. Le patron était là. Il n'avait pas beaucoup changé. Grisonnant, les yeux enfoncés derrière d'énormes verres de myope, il somnolait, à demi effondré sur son comptoir.

Après avoir fait semblant de feuilleter quelques bouquins jaunis pour attirer l'attention du libraire, comme il avait enfin levé les yeux vers moi, je m'étais décidé à lui parler.

Le bonhomme était assez jovial. Manifestement, il ne se souvenait pas de moi, mais à peine avais-je prononcé le nom de Carway qu'il s'était refermé comme une huître. J'en avais déduit que j'étais sur la bonne piste…

Il m'avait fallu déployer des trésors de diplomatie pour lui faire admettre que je n'appartenais ni à la police ni à une quelconque organisation, de celles dont on ne sait jamais avec exactitude dans quel but, sous couvert d'enquête commerciale ou de sondage sur nos habitudes alimentaires, elles collectent sur nous mille renseignements en apparence anodins.

Finalement, le libraire avait paru me reconnaître vaguement et il s'était légèrement détendu. Il ne savait pas grand-chose, malheureusement, sur les dernières activités de Carway. Il m'avait cependant étonné au plus haut point en m'apprenant que l'ultime dossier auquel le journaliste s'était consacré était celui du *Boucher du Montana* !

Le parfait sujet à scandale dont raffole la presse populaire. Carway avait donc changé de ligne, abandonné sa chasse aux injustices et aux abus de pouvoir pour s'intéresser, comme le premier pisseur de copie venu, à une vulgaire affaire de tueur en série ?

Je ne comprenais pas. Bien sûr, l'énigme du *Boucher* n'avait jamais été résolue et, la série de crimes s'étant arrêtée bien avant la mort de Carway, elle ne le serait peut-être jamais. Mais pour quelle raison Larry s'était-il attaché à ce sujet ?

Avait-il découvert quelque chose à propos de ce tueur insaisissable ? Cette sinistre affaire de meurtres sanglants n'était-elle que la partie apparente d'un mystère beaucoup plus vaste dans lequel trempaient des gens haut placés qu'il fallait protéger ?

Dans ce cas, oui, Carway était dans son élément. Le problème était que cette affaire avait été classée — comme, maintenant, la mort de Carway lui-même —, et que les recherches ne seraient pas faciles.

J'avais alors demandé au libraire si Larry, lors de sa dernière visite, n'avait rien évoqué des conclusions de son enquête ou, tout au moins, laissé un indice quelconque.

— Oh non, avait-il répondu. Carway ne parlait plus guère. En fait, j'aurais juré qu'il avait peur... Sa dernière requête a été tout à fait anodine et n'avait rien à voir avec cette affaire : il m'a simplement demandé de lui mettre de côté un livre qu'il avait déniché dans un vieux stock, au fond de ma boutique, et de le lui remettre le jour où il reviendrait.

— Vous l'avez toujours, ce bouquin ?

— Bien sûr, mais je ne pense pas que Carway revienne, maintenant... Je n'ai plus qu'à le remettre en vente.

Poussé par un pressentiment, j'avais alors acheté le volume, sans même le sortir de son emballage. Carway, ainsi que je l'ai déjà dit, était extrêmement méticuleux et ne laissait rien au hasard. Ce livre contenait peut-être une piste à suivre…

C'est dans ma voiture seulement, après avoir repris la route d'Helena, que j'avais ouvert le paquet. À ma grande déception, il ne s'agissait que d'un roman sans intérêt, d'un auteur de science-fiction de seconde zone disparu récemment — autrefois en vogue — nommé Lester Cowley. Un livre usé, aux pages jaunies, d'une édition médiocre. Décidément, il était en baisse, Carway !

Et puis, tandis que je tournais et retournais le livre entre mes doigts, j'avais senti quelque chose glisser sous sa couverture de papier. J'avais souri. Bien sûr ! Déchirant vivement la fausse couverture, j'avais alors mis à jour une petite enveloppe.

Dans l'enveloppe, le nom d'une banque à Helena et le numéro d'un coffre, ainsi que son code d'accès confidentiel.

Le jour même, à la banque, je retirais du coffre une épaisse liasse de documents.

Certains, de la main même de Carway, donnaient non seulement la clé de l'énigme du *Boucher du Montana,* mais jetaient une lumière singulière sur l'incroyable posture dans laquelle on avait, plus tard, découvert son propre cadavre.

Des révélations stupéfiantes, et qui faisaient froid dans le dos… Je comprenais tout, enfin ! Une fois de plus, mon imagination m'avait rattrapé. Le piège dans lequel je venais de mettre le pied se refermait sur moi. Mon propre piège !…

2

Larry Carway

Ça faisait un moment que je m'étais retiré du milieu journalistique, écœuré par l'opportunisme et la lâcheté des patrons de presse. Les dossiers politiques, ils s'en foutaient ! Pour vendre du papier, ils disaient, il faut du sang ou des fonds de culotte. Le reste, ça n'intéresse personne…

J'avais donc choisi de vivoter à l'écart de ces détrousseurs de cadavres, pas loin de Great Falls, au bord du Missouri, guidant les touristes dans la montagne et vendant des reportages photographiques aux magazines consacrés à la nature.

Du sang, pourtant, ils en avaient eu leur content, avec l'affaire du *Boucher*. Ils n'en revenaient pas, les cow-boys, qu'une histoire pareille puisse arriver chez eux, dans leur beau pays tout propre et béni des cieux !

Ils ne pouvaient plus ricaner en pointant du doigt les lieux de perdition comme Los Angeles, New York ou Chicago, berceaux de tous les crimes, théâtres de tous les vices… Le Montana, jusqu'ici préservé, avait enfin ouvert ses portes au Mal !

Au début, bien entendu, je m'étais complètement désintéressé de l'affaire. Je ne m'étais même pas informé de la façon dont la victime avait été tuée. Un gars qu'on retrouve avec une balle dans le corps, me disais-je, qu'est-ce que ça peut bien avoir d'étonnant dans un pays où le premier venu peut posséder chez lui, et en toute impunité, un véritable arsenal de guerre ? Après tout, elles servent à quoi, les armes à feu ? À tirer, non ? Ce qui me paraît le plus incroyable, même, c'est qu'on ne mette pas plus souvent le pied sur un cadavre…

Pourtant, dès le second meurtre, j'avais prêté l'oreille. Le meurtrier — même pour son premier crime — n'avait pas utilisé une arme à feu mais un couteau, ce qui faisait un peu anachronique.

Néanmoins, je refusais de m'y intéresser plus avant. J'étais contre cette exploitation des affaires de mœurs par la presse, qui fait oublier les vrais problèmes.

Mais, après la troisième victime, d'autres détails avaient attiré mon attention. S'il semblait hors de doute pour tout le monde que les trois meurtres avaient le même auteur — même exécution d'un coup de poignard dans le cœur en rase campagne, mêmes mutilations sur le corps —, les victimes, elles, présentaient un point commun que personne ne semblait avoir relevé : toutes les trois étaient des hommes dans la force de l'âge, parfaitement capables de se défendre.

Rien à voir avec le profil habituel de ce genre de maniaque, qui s'attaque de préférence à des femmes seules ou à des gens isolés. Par ailleurs, les trois victimes avaient été retrouvées dans des endroits où elles n'avaient manifestement rien à faire : au milieu d'un champ ou près d'un ruisseau isolé. Il me paraissait clair qu'elles y avaient été attirées !

La police, elle, piétinait. Le choix des victimes n'avait pas l'air de la préoccuper. Elle dressait portrait-robot sur portrait-robot de l'insaisissable tueur, des portraits sans cesse différents, d'ailleurs, sans jamais parvenir à faire le lien entre les différents assassinats.

Quant aux blessures infligées aux cadavres, les enquêteurs se perdaient en conjectures diverses sans trop insister sur le sujet. Il y avait pourtant de quoi être perplexe : pieds et mains troués à coups de dague ou de pointe, front et crâne déchirés comme par du fil de fer barbelé, l'assassin s'en était donné à cœur joie !

Cette technique sauvage et les moyens employés semblaient désigner un tueur rural, un de ces gars qui travaillent dur dans les ranchs toute la journée et boivent leur paie le soir venu. Ça ne simplifiait pas la tâche, ce portrait correspondant à une bonne moitié de la population !

Quoi qu'il en soit, les choses auraient aussi bien pu en rester là pour moi si, un jour, alors que je discutais avec un journaliste avec qui j'avais conservé quelques contacts, celui-ci n'avait fait mention de l'arrivée à Helena, relativement à cette affaire, d'un agent de la C.I.A.

Ça, c'était bizarre. Qu'est-ce que les services secrets avaient à voir avec le dossier du *Boucher du Montana* ? Celui-ci n'excédait pas les limites de l'État et n'était donc pas de leur ressort. Les flics locaux n'étaient pas du genre à apprécier qu'on se mêle de leurs affaires.

Pourtant, à ma connaissance, aucun meurtre assimilable à ceux qui défrayaient la chronique ici n'avait été signalé dans les États voisins, ce qui aurait pu justifier une intervention au niveau fédéral.

La première victime, un nommé Barons, avait été tuée dans le sud de l'État, dans la petite ville de Springdale, sur la rivière Yellowstone. La deuxième, Brocket, un mineur du nord, s'était fait poignarder près du village de Goldbutte, pas loin de la frontière canadienne.

Quant au dernier corps, celui d'un certain Lundbreck, on l'avait ramassé aux environs de Polson, près de la réserve indienne Flathead, mutilé comme les autres. L'assassin frappait donc partout au Montana, mais sans en dépasser les frontières. Un tueur farouchement local…

Cependant, si la présence de la C.I.A. aurait pu suffire à rendre cette affaire intéressante pour moi, un autre événement allait précipiter mon enquête sur cette série de crimes sanglants : une quatrième victime venait de s'ajouter à la liste.

Le cadavre avait été découvert au bord du Lower St. Mary Lake, au sud du village de Babb, tout près du Glacier National Park. Et, cette fois, le nom de l'homme assassiné ne m'était pas inconnu. Il s'agissait de Lenny Coalhurst.

Coalhurst était un drôle d'individu au passé assez trouble, qui avait milité pendant des années, surtout dans le Midwest, au sein de groupes anarchistes assez virulents. Comme moi, il avait pour cible les grosses compagnies et tous les niveaux du pouvoir qui profitaient de leur situation pour voler, asservir ou abuser le peuple.

Coalhurst, cependant, avait choisi une voie beaucoup plus radicale que la mienne et nos chemins s'étaient séparés quand il avait commencé à poser des bombes. Pour quelle raison Coalhurst se retrouvait-il maintenant dans cette région, et de quelle manière son destin était-il lié au *Boucher du Montana* ?

Je ne crois pas au hasard. Il était hors de question pour moi de ne voir là qu'une simple coïncidence. De plus, j'étais persuadé qu'il y avait un lien entre l'intervention de la C.I.A. et la présence de Coalhurst ici. Mais de quelle manière tout ceci s'imbriquait-il avec une série de meurtres n'ayant aucun rapport, à première vue, avec l'activisme politique ?

Finalement, ce fait divers à sensation se révélait être autre chose, le masque, peut-être, d'une affaire aux racines plus profondes et aux conséquences beaucoup plus vastes.

Le *Boucher* était-il alors davantage qu'un répugnant psychopathe ? Se servait-on de lui et de ses crimes pour couvrir une machination politique de la plus haute importance, ou bien était-il lui-même directement commandité pour commettre ces assassinats selon une logique bien précise ?

Dans un cas comme dans l'autre, il était essentiel pour moi de comprendre si les premiers meurtres n'avaient été commis que pour créer et alimenter la légende du tueur fou et sanguinaire ou si, au contraire, il s'agissait d'un processus d'élimination de témoins gênants, d'éléments indésirables.

C'est, bien entendu, cette seconde supposition qui avait ma faveur. Le meurtre d'un activiste d'extrême gauche et l'implication de la C.I.A. écartaient l'idée de simples crimes crapuleux.

Cependant, quelque chose me dérangeait, dans l'hypothèse des crimes commandés en haut lieu. Dans ce cas de figure, la discrétion aurait été la règle d'or. On aurait fait passer les meurtres pour des suicides ou des accidents. Alors pourquoi, au contraire, toute cette mise en scène, ces tortures rituelles, ces mutilations ? Que pouvaient-elles signifier ?

Peut-être fallait-il voir les choses sous un autre angle, abandonner cette façon d'envisager les événements de manière exclusive comme le fait la presse à scandale : tout blanc ou tout noir. Imaginer comment les exécuteurs de Coalhurst avaient simplement su profiter d'un état de fait providentiel.

Les trois premiers crimes, selon ce nouveau schéma, avaient effectivement été commis par un fou criminel, un détraqué sanguinaire que la police cherchait encore en vain. Mais, profitant de l'impact que cette série rouge avait eu sur le public, on avait jugé adroit de faire passer le meurtre de Coalhurst sur le compte du fameux *Boucher*.

Chose certaine, en tout cas, la lenteur et la maladresse de la police dans son enquête témoignaient, sinon d'une complicité active, du moins de l'existence d'une pression exercée sur elle pour laisser s'enliser l'affaire. En laissant courir le *Boucher*, on couvrait le véritable assassin de Lenny Coalhurst.

Du coup, le *Boucher du Montana* — tueur en série réel ou fictif, criminel récupéré ou homme de main chargé de liquider des hommes à abattre — commençait à m'intéresser sérieusement.

Par où commencer ? La discrétion, de toute évidence, était de mise. La presse officielle, de son côté, selon ce que m'avait confié le journaliste qui m'avait appris l'apparition de la C.I.A. à Helena, avait son interprétation toute faite de l'irruption des agents fédéraux dans les plates-bandes de la police d'État.

Elle avait déjà préparé son sempiternel couplet sur l'omniprésence des services fédéraux, ses interventions non désirées dans les affaires locales, le centralisme de Washington, l'espionnage et la méfiance dont eux, les vrais Américains purs et durs, souffraient de la part d'une Administration centrale vendue aux intérêts de la finance internationale.

Tout à leur paranoïa habituelle, les chroniqueurs de la région n'avaient donc pas vu — ou pas voulu voir — la tournure politique que prenaient les événements, ne s'attachant qu'au fait que les Fédéraux étaient là pour donner une leçon aux policiers locaux et leur apprendre à travailler. Une fois de plus, les différents niveaux de police s'épuisaient à se faire la guerre entre eux plutôt qu'à faire la lumière sur le cas qui était censé les occuper.

Ceci me laissait donc, dans une certaine mesure, le champ libre pour mener ma propre enquête. Cependant, il fallait y aller du bout des doigts. Je pouvais, en tant que journaliste professionnel, raconter n'importe quoi au shérif de Polson ou aux bouseux de Goldbutte, mais les gars de la C.I.A. étaient d'une autre trempe. On ne se mêle pas impunément de leurs affaires…

La seule clé dont je disposais, pour entrer dans le jeu, c'était Coalhurst. L'ennui, c'est que je l'avais perdu de vue depuis des années, et remonter la filière jusqu'à une de nos anciennes connaissances communes s'avérait long et difficile.

Il y avait peut-être un autre moyen. Quelles qu'aient été les raisons de son voyage au Montana, Coalhurst n'était probablement pas arrivé jusqu'ici sans y avoir un contact. Dans son domaine d'activité, il n'y avait pas grand-monde dans cet État susceptible d'endosser ce profil.

Or, à moins qu'il n'ait totalement changé son fusil d'épaule et qu'il ne soit venu sur l'invitation d'une de ces sectes plus ou moins millénaristes et fortement militarisées qui fleurissaient par ici, il ne pouvait s'agir que de personnes partageant approximativement les mêmes idées.

Je connaissais justement un peu un groupe d'activistes dans ce genre, basé à Great Falls. Ce groupe était affilié à un parti d'inspiration trotskiste répandu — de façon très clairsemée, il est vrai — dans plusieurs États des États-Unis. Son leader se nommait Lee Claresholm.

J'avais rencontré une fois Claresholm à l'occasion d'un reportage sur l'histoire des mouvements ouvriers dans la région minière d'Anaconda, au sud-ouest d'Helena — reportage qui, entre parenthèses, n'avait pas trouvé preneur dans la presse locale.

Claresholm était une sorte d'idéaliste pur, pour qui l'éclatement de l'empire soviétique avait été une catastrophe au goût amer. Il n'en était pas moins resté fidèle à ses idées, ainsi qu'une poignée de ses partisans, mais leurs activités étaient on ne peut plus réduites et, si jamais on entendait parler d'eux, c'était avec ce haussement d'épaules dont on gratifie les doux dingues et les rêveurs inoffensifs. C'était, du moins, ce que je croyais…

Je me proposais donc d'approcher Claresholm, discrètement, et de voir s'il pouvait m'apprendre quelque chose à propos de la présence — et de l'assassinat — de Coalhurst au Montana.

Il s'agissait d'être prudent. Le type de la C.I.A. qui fouinait par ici avait sans doute fait le même raisonnement que moi et Claresholm était probablement sous surveillance. Donc, bien évidemment, ni téléphone ni visite personnelle. Comment, dès lors, entrer en contact avec lui ?

Je me souvenais d'un café, à Great Falls, où il m'avait donné rendez-vous à plusieurs reprises à l'époque de mon enquête sur les mineurs d'Anaconda. Je comptais sur le fait que Lee Claresholm — très conservateur en ce qui concerne les habitudes de la vie privée, comme beaucoup de pseudo-révolutionnaires dans son genre — fréquenterait toujours le même établissement.

Le soir même, je me rendais donc en ville, à l'heure approximative où, les fois précédentes, j'avais rencontré mon homme. Sans succès. Chaque soir, pourtant, j'avais refait le voyage — une heure de voiture environ — et j'étais resté assis à une table pendant une heure ou deux. À mon grand soulagement on ne jouait pas, dans ce café, de musique western, et je me disais que c'était sans doute pour cette raison que Claresholm l'avait choisi…

Le quatrième soir, en arrivant, j'avais aperçu un type au visage assez marqué, l'air fatigué, assis à une table du fond.

Il ne faisait pas assez clair pour que je distingue nettement ses traits, mais il ne m'avait pas l'air totalement inconnu. Faisant semblant d'aller aux toilettes, j'étais passé près de lui et, là, je l'avais enfin reconnu.

Bon sang ! Il avait pris un sacré coup de vieux ! C'était bien Claresholm, il n'y avait pas de doute, mais quelle épave, quelle ruine ! Un homme au bout du rouleau…

Il y avait peu de clients à ce moment-là, je m'étais donc assis à la table contiguë. Claresholm avait eu un mouvement de surprise, m'avait vaguement regardé, le visage ravagé de tics, puis avait repris son air abattu.

— Lee ? avais-je alors murmuré sans regarder dans sa direction.

Claresholm n'avait pas répondu. Mais, je l'aurais juré, il avait tenté de réprimer un frisson. Dépliant un journal devant moi, pour me couper de la salle, j'avais repris :

— Lee ? Je suis Larry Carway. Vous vous souvenez de moi ?

— Je n'oublie jamais un visage, avait-il enfin grogné.

Pour parler, Claresholm avait placé ses mains devant sa bouche, doigts croisés, dans la posture de quelqu'un qui réfléchit ou, du moins, essaie d'en donner l'impression. De cette façon, personne, dans la salle, ne pouvait le voir articuler.

Continuant ce jeu, je lui avais fait part de mes soupçons concernant l'affaire du *Boucher*, le meurtre de Coalhurst et la présence de la C.I.A. Claresholm m'avait écouté, immobile, la tête entre les mains. Puis, sans bouger la tête, presque sans remuer les lèvres, il avait laissé tomber :

— C'est trop tard, Carway. Vous avancez sur un terrain miné. Pourri jusqu'au trognon. Vous risquez gros et vous n'y pouvez rien. C'est foutu, la guerre n'est pas loin et ni vous ni moi n'arriverons à l'empêcher. D'ailleurs, tôt ou tard, ils auront ma peau…

— Le *Boucher* ?

— Le *Boucher* ? avait-il ricané. Il n'y a pas de *Boucher* ! C'est une invention des flics pour détourner les soupçons, pour étouffer l'affaire.

— Vous voulez dire que *tous* les meurtres sont liés ?

— Et comment ! Barons, Brocket et Lundbreck étaient des camarades et, comme moi, ils en savaient trop. C'est pour ça qu'on les a descendus. Je suis le dernier, et pas pour longtemps…

— Je ne comprends pas. Pourquoi ne vous enfuyez-vous pas ?

— Ne soyez pas naïf, Carway. Je pourrais aussi bien me raser la tête, changer de nom, disparaître au Mexique ou me perdre dans une île déserte : ils me retrouveraient de toute façon. Ce ne serait qu'une question de temps, ces gens-là sont pires que des chiens. Je n'ai pas l'intention de jouer au gibier pendant le peu de temps qu'il me reste à vivre.

J'essayais de comprendre comment cet homme, qui m'avait paru autrefois déterminé, prêt à remuer ciel et terre — enfin, contentons-nous de la terre ! — pour dénoncer une injustice ou une fraude politique, avait pu devenir une victime en attente de son bourreau, pouvait continuer à vivre comme avant, à fréquenter ce café où n'importe qui pouvait entrer et le descendre à bout portant.

Cependant, il n'avait peut-être pas tort. S'il y avait derrière cette énigme des gros bonnets au niveau fédéral, comme je le supposais, toute fuite était illusoire. Ce n'aurait pas été une fuite, mais une chasse à l'homme, une chasse dont l'issue ne faisait aucun doute…

Tout de même, j'avais connu un Claresholm combatif et énergique, et je me demandais ce qu'il avait pu découvrir pour être impressionné, détruit, au point de jeter l'éponge ainsi. Le fait est qu'il semblait résigné, maintenant, à subir le même sort que ses trois compagnons. Trois ? Je me rendais compte qu'il n'avait pas cité Coalhurst. L'assassinat de celui-ci n'était-il pas lié aux autres ?

Le meurtre avait pourtant été exécuté de la même manière que les autres, avec les mêmes marques sanglantes sur le front et les mêmes trous dans les pieds et les mains. J'avais posé la question.

— Coalhurst ? avait répondu Claresholm. Coalhurst en savait plus que tout le monde, mais je ne l'ai pas revu avant son départ de Great Falls. Il m'a fait parvenir un rapport sur sa mission, mais ils l'ont démasqué entre-temps, et exécuté. Tous nos efforts ont donc été réduits à néant. Plus rien n'empêchera la catastrophe !

— Bon sang, Claresholm ! m'étais-je écrié. N'abandonnez pas ainsi. Vous n'êtes pas seul ! Vous pouvez me faire confiance, je suis de votre bord et vous le savez. Je connaissais Coalhurst, également. De quelle mission était-il chargé à Babb ?

— À Babb ? Vous n'y êtes pas, Carway, pas du tout. Coalhurst n'a jamais mis les pieds à Babb ! Ce n'est pas là qu'on l'a tué. On y a seulement transporté son cadavre !

Je commençais à me demander si Claresholm ne délirait pas, s'il n'était pas plus profondément affecté que je ne l'avais cru au départ. Quelle histoire était-il en train d'inventer ? Pourquoi aurait-on transporté un cadavre aussi loin dans la montagne ? Ça n'avait aucun sens…

J'avais rapidement jeté un coup d'œil en coin à Claresholm. Il avait l'air brisé par la peur, d'accord, vieilli prématurément, mais il n'avait pas l'air fou. Comment en était-il arrivé à cette conclusion ? Remarquant mon geste, Claresholm avait repris :

— On a transporté le cadavre de Coalhurst comme on transportera le mien. C'est aussi pour ça qu'il est inutile de fuir. Ils me ramèneront ici, de toute façon. Et je sais exactement où on retrouvera mon propre cadavre : dans la montagne, au nord-ouest de Great Falls, quelque part entre Blackleaf et Dupuyer…

À ce moment-là, deux types étaient entrés dans le bar et Claresholm s'était tu brusquement. Je ne leur trouvais rien de particulier, mais Claresholm, qui devait connaître, au moins de vue, tous les clients de l'établissement, avait flairé quelque chose. Se levant soudain, il avait murmuré :

— Vous aimez la science-fiction, Carway ?

Décontenancé par l'étrangeté de la question, je n'avais rien répondu. Claresholm avait alors ajouté, très rapidement :

— Lisez donc Lester Cowley. Vous serez surpris…

Puis il avait tourné les talons et, ouvrant une porte qui donnait sur l'arrière du bar, il avait disparu. Je ne devais jamais le revoir. Les deux types, au bar, s'étaient éclipsés.

Le lendemain, la police retrouvait le cadavre de Lee Claresholm dans la montagne, comme il l'avait indiqué, dans un coin perdu à l'ouest du village de Dupuyer ! Bien évidemment, il n'était pas allé là-bas de son propre chef. On y avait transporté son corps mutilé. Mais que signifiaient ces déplacements de cadavres ?

Dépliant une carte du Montana devant moi, j'y avais scrupuleusement reporté et marqué d'un point rouge les lieux où les cinq victimes avaient été découvertes. Rien ne me semblait révélateur de quoi que ce soit. Pourtant, la position de ces points devait forcément représenter quelque chose. La prédiction de Claresholm en était la preuve.

Les yeux fermés, la tête entre les mains, j'essayais de situer virtuellement ces points dans l'espace. Mais je ne voyais rien d'autre que des corps exsangues, étendus dans la montagne, pieds et mains percés.

Et, brusquement, j'avais fait le rapprochement. Ces blessures insensées, ces marques sauvages, c'étaient celles, traditionnelles, d'un martyr crucifié ! Aussitôt, me reportant à ma carte, le dessin formé par les points rouges m'avait sauté aux yeux : en joignant d'un trait Babb et Springdale, puis Goldbutte et Polson, j'obtenais une croix dont l'axe était situé près de Dupuyer !

Cette explication était indéniable, mais elle ne résolvait rien du tout ! Au contraire, elle ne faisait qu'épaissir le mystère. Pourquoi et comment les agents gouvernementaux, que je soupçonnais d'être à l'origine de cette machination abominable, avaient-ils pu se livrer à un jeu aussi macabre ? Ce n'était pas le style des services secrets américains…

C'était invraisemblable. Un élément essentiel de ce casse-tête morbide devait me manquer. Le problème, c'est qu'avec Claresholm avait disparu l'ultime témoin de cette terrifiante affaire. Mais n'avait-il pas, avant de mourir, sachant que son temps était compté, laissé un quelconque indice ?

Coalhurst, apparemment, avait rédigé un rapport sur sa fameuse mission, que Claresholm avait en sa possession. Où se trouvait-il ? Chez lui ? Peu probable. Sa maison avait vraisemblablement déjà été passée au peigne fin, chaque lame du plancher soulevée, chaque meuble démonté. Claresholm l'avait certainement dissimulé ailleurs. Où ?

Je m'étais alors souvenu de ses dernières paroles. « Lisez donc Lester Cowley, vous serez surpris. » C'était ridicule, mais je n'avais pas d'autre piste.

Je m'étais donc rendu à la bibliothèque municipale de Great Falls. Consultant le fichier des auteurs, j'avais été estomaqué par la prolixité de Cowley : pas moins de cinquante de ses titres étaient disponibles dans cette seule bibliothèque ! Des titres aussi désolants que *L'empire du Mal* ou *Les derniers jours avant la fin du monde*. Tout un programme !

Le découragement allait me prendre quand j'étais tombé sur un titre qui m'avait fait tiquer. *Le signe de la croix*. Coïncidence ? Je n'y crois pas, je l'ai déjà dit. Le signe de la croix se retrouvait partout dans cette affaire, des blessures des victimes jusqu'à la disposition de leur corps…

Je m'étais donc précipité dans les rayons à la recherche de ce fameux *Signe de la croix*. L'ouvrage était là, un bouquin vieilli d'une édition bon marché, tellement usé qu'on l'avait recouvert de papier.

Je ne tenais pas à m'attarder ici. Comme j'avais une carte de la bibliothèque, j'avais emporté le volume chez moi. Là, j'en avais commencé la lecture, péniblement. Une épouvantable et indigeste salade, mélange d'aventures mystico-fantastico-héroïques et de pseudo-réflexions sur l'avenir et le salut de la race humaine. Je ne voyais pas le rapport avec les luttes de Claresholm et de ses amis.

Abandonnant la lecture, je m'étais mis à feuilleter le livre avec lassitude quand une petite tache de couleur avait attiré mon attention, comme si une faible lueur jaune avait soudain clignoté à l'intérieur du livre.

En revenant en arrière, je m'étais rendu compte qu'il s'agissait d'un trait de surligneur jaune mettant une phrase en relief. Pas une phrase entière, en fait, mais trois mots, brillant comme un phare au milieu de la page… *chez les Ursulines*.

Un phare, oui, peut-être. Je me souvenais qu'il existait à Great Falls une espèce d'ancien couvent fondé autrefois par les sœurs Ursulines, et qui servait aujourd'hui de musée. Était-ce là que Claresholm avait laissé un témoignage ? Pourquoi pas… Un établissement religieux est le dernier endroit où l'on irait chercher les traces d'un militant d'extrême gauche…

Le problème, c'est qu'un musée, c'est en général assez grand et truffé de vieilleries. Ça ne s'annonçait pas facile. À moins que le livre ne contienne d'autres indices.

Effectivement, en continuant à le feuilleter méthodiquement, j'étais tombé sur un autre ensemble de mots surlignés : … *sous le douzième banc de la travée de droite*. Cette fois, ça y était. Le message ne pouvait pas être plus clair.

Il n'y avait pas un instant à perdre. Une heure plus tard, je pénétrais dans l'ancien couvent. Une seule pièce correspondait à la description du livre : une sorte de chapelle ornée d'un chemin de croix, avec deux rangées de bancs de bois. Il ne me restait qu'une incertitude. Fallait-il compter les travées à partir de l'entrée ou à partir de l'autel ?

Pour aller au plus vite, j'étais parti de mon point d'arrivée. Remontant la rangée de bancs de droite, je m'étais assis sur la douzième. L'endroit était désert. Les touristes, ici, préfèrent les grands espaces et la montagne.

J'avais passé lentement ma main sous le banc et senti, à l'extrémité de celui-ci, une sorte d'excroissance. J'y étais ! Tirant un peu fort, je mettais rapidement à jour un rouleau de tissu rêche qu'on avait coincé entre deux planches.

Inutile de vérifier ici même. Le rouleau passé dans ma ceinture, dans mon dos, j'étais reparti d'un pas vif. En sortant du musée, j'avais eu un choc. Sur le trottoir d'en face, les deux types entrevus l'autre jour au bar étaient nonchalamment adossés au mur.

Essayant de ne pas laisser paraître mon trouble, j'étais retourné à ma voiture sans me presser et, sans repasser chez moi, j'avais filé en direction d'Helena, où je comptais mettre le précieux rouleau en sûreté.

Était-ce suffisant ? Je n'en savais rien. Ce que je savais, en revanche, le soir même, en lisant les documents du rouleau, c'est que Claresholm ne serait pas le dernier de la liste des victimes.

Ce qu'il m'avait légué en me permettant de retrouver le mémoire qu'il avait rédigé, c'était la certitude qu'on allait bientôt retrouver mon cadavre crucifié dans la montagne, comme les autres !

3

Lee Claresholm

À la fin, moi-même, je dois l'avouer, je n'y croyais plus. Et la même amertume s'était emparée de Barons, Brocket et Lundbreck.

Nous nous faisions l'effet de dinosaures, de vestiges d'un passé à jamais révolu, de potiches désuètes abandonnées au fond d'un garage. L'éclatement de l'Union soviétique semblait avoir sonné le glas de notre existence.

Bien sûr, notre organisation était autonome et nous ne prenions nos ordres de personne. Nos actions pour la justice sociale et les droits des travailleurs étaient préparées ici, en fonction des besoins locaux. Brocket, qui était mineur dans le nord, nous tenait au courant de l'évolution des conflits avec les patrons et nous élaborions nos stratégies selon nos propres besoins.

Nous n'étions cependant pas isolés. Lundbreck, qui venait de l'Est, avait des relations, espacées mais régulières, avec des membres du contre-espionnage russe. Il ne s'agissait pas pour nous de vendre des secrets d'État, mais de profiter de cet immense réseau de renseignements qui pouvait, à telle ou telle occasion, nous aider dans notre combat ici.

Notre contact habituel s'appelait Standoff et faisait partie d'une mission diplomatique soviétique permanente à Washington. Mais, après l'éviction de Gorbatchev, au début des années 1990, et l'effondrement du système communiste dans l'ex-bloc socialiste, nous avions cru également à la fin de nos rapports avec le grand frère russe.

Démoralisés, perdant nos quelques sympathisants, nous avions considérablement ralenti notre activité. C'est pourquoi j'avais été énormément surpris quand, après quelques années de silence, Standoff avait repris contact avec nous.

Lundbreck m'avait alors expliqué que, si sur la scène internationale et pour le grand public, les choses avaient apparemment changé en Russie, les structures importantes, les institutions et les personnages-clés du système étaient restés les mêmes.

Standoff, pour sa part, ne semblait pas avoir souffert des apparents bouleversements du régime. Vladimir Poutine, le président russe lui-même, n'était-il pas un ancien patron du K.G.B. ?

— Justement, avais-je dit à Lundbreck. Je me méfie un peu. Peut-on faire confiance à Standoff, maintenant ? Pourquoi est-il toujours en place ? N'a-t-on trouvé personne pour le remplacer, ou bien a-t-il retourné sa veste ? Peut-être n'est-il rien d'autre qu'un opportuniste…

— Aucune importance, avait répondu Lundbreck. Ce qui compte, ce sont les intérêts des travailleurs américains. Peu importe les moyens et les hommes s'ils servent la cause. Et puis, ce que m'a appris Standoff est absolument renversant.

Je ne savais pas trop quelle attitude adopter. Cette fois, ce n'était pas nous qui sollicitions l'aide de Standoff, mais lui qui nous demandait quelque chose. Après l'aide qu'il nous avait apportée autrefois dans la constitution de notre organisation, il était délicat de l'ignorer.

Que voulait-il exactement ? C'était, au départ, un peu flou. Mais, comme l'avait souligné Lundbreck, extrêmement troublant. Les États-Unis, prétendait Standoff, préparaient dans le plus grand secret un coup de force contre la Russie. Son réseau habituel de renseignements se révélait impuissant à en savoir plus. Tout ce qu'il avait pu apprendre, c'est que le centre nerveux de l'opération se trouvait quelque part dans les Rocheuses, très probablement au Montana.

De quoi s'agissait-il ? Le but de l'entreprise était-il économique, politique ? Était-il question d'une tentative de déstabilisation du régime russe, de propagande ?

Rien de tout cela n'était plausible. Certes, on ne se gêne pas pour faire main basse sur un pays entier, par la force, pour en sucer le sous-sol, mais on s'abstient si ce pays dispose d'une armée autonome et, de surcroît, de l'arme nucléaire.

Quant à la propagande ou, éventuellement, à la déstabilisation, depuis la chute du régime communiste, tout cela n'avait plus sa raison d'être. Nous ne savions qu'une chose : quelque part dans le Montana se préparait une bombe dont nous ne savions ni où ni quand elle allait exploser, ni même en quoi elle consistait précisément.

Notre rôle était, puisque nous étions censés ne rien ignorer de ce qui se passait dans cette région, de découvrir quelle était la nature des projets américains et, bien sûr, de faire échouer ceux-ci.

L'affaire était plus que troublante. Elle était proprement effrayante. L'époque de la guerre froide était terminée depuis longtemps. La course à l'armement ne s'était pas ralentie, autant, sans doute, pour des raisons économiques que politiques. Pourtant, je ne voyais pas le gouvernement américain se lancer dans une opération militaire, même ponctuelle, contre le nouvel État russe.

Après les fiascos du Viêt-nam ou de Cuba, le Pentagone ne se risquait pas à intervenir ouvertement dans le monde sans être assuré de l'incapacité de la cible à se défendre. Envoyer des avions contre l'Irak avec le soutien de l'ensemble des pays occidentaux, d'accord. Il n'y avait rien à perdre et du pétrole à gagner. Mais tenter un coup de force contre un pays qui regorgeait encore d'armes nucléaires, ça me paraissait assez invraisemblable.

Quelle pouvait être la raison d'une telle opération, d'ailleurs ? Si la Russie était une cible, c'était pour les investisseurs et les banques. Militairement, il n'y avait plus rien à faire là-bas, même pour le républicain le plus borné.

Par ailleurs, je n'avais pas entendu parler du moindre mouvement de l'armée américaine dans le Montana. Les armes ne manquaient pourtant pas par ici, au contraire. Pas seulement des fusils de chasse, mais des armes automatiques, des armes lourdes, jusqu'à des blindés et des défenses antichars ! Mais l'armée des États-Unis n'y était pour rien.

Ces arsenaux fabuleux appartenaient à des sectes d'illuminés qui attendaient la fin du monde, à peu près tous les cinq ans, pour entretenir le moral des troupes. Ces cinglés vivaient retranchés dans d'immenses propriétés entourées de barbelés, bien défendues, et dans lesquelles, d'ailleurs, personne n'aurait jamais eu l'idée de pénétrer.

Cependant, même si cela faisait froid dans le dos de savoir que, au milieu des fermes, dormait de quoi faire sauter l'État tout entier, il faut avouer que ces dingues armés jusqu'aux dents vivaient dans un monde clos, complètement retranché de la réalité.

Ils rêvaient leurs guerres et leurs cataclysmes au fond d'abris antiatomiques qui leur avaient coûté la peau des fesses, mais leur folie, jusqu'ici, ne dépassait pas la clôture de barbelés derrière laquelle ils s'étaient enfermés.

D'où Standoff tenait-il donc sa stupéfiante information ? Quel était l'objectif visé par cet hypothétique complot armé ? Il ne le savait pas. Lundbreck, lui non plus, ne comprenait pas vraiment comment nous, petite structure locale perdue dans des montagnes désertes, pouvions faire mieux que des services secrets disposant de moyens techniques sans commune mesure avec les nôtres.

— C'est justement un des aspects les plus étranges du problème, avait avoué Standoff. Nous savons que quelque chose se prépare, que cela implique des forces armées, et que l'objectif se trouve quelque part en Sibérie. Quel est-il ? C'est ce que nous n'arrivons pas à savoir. C'est le secret le plus épais auquel nous ayons jamais été confrontés.

Et c'est à ce formidable secret d'État que Standoff nous demandait de nous attaquer. J'étais effrayé par l'ampleur de l'affaire, autant que par ses conséquences prévisibles.

Selon Standoff, les services secrets américains eux-mêmes étaient à peine au courant, d'où la difficulté pour le contre-espionnage russe d'en savoir plus. Cela voulait-il dire que l'armée agissait de son propre chef, qu'elle échappait au contrôle de l'État ? Fort de son succès lors de la guerre du Golfe, qui avait fourni quelques héros populaires au monde politique, le Pentagone avait-il décidé de ne plus prendre ses ordres de personne et d'attaquer l'ancien ennemi ?

L'opération, si elle se réalisait, ne pourrait pourtant pas se résoudre, après le scandale qui s'ensuivrait forcément, par la diplomatie. Elle risquait donc purement et simplement de provoquer un conflit ouvert, de déclencher une escalade de violence qui, je n'en doutais pas, pouvait aboutir à une guerre nucléaire !

Il n'y avait donc pas à hésiter. Nous devions nous mettre en chasse, faire notre possible, dans notre zone d'action, pour démasquer cet hallucinant complot contre la sécurité du monde.

J'avais donc réuni Barons, Brocket et Lundbreck pour tenir une cellule de crise. Nous étions perplexes. Aucun d'entre nous n'avait eu vent de manœuvres militaires organisées dans la région. Barons, pour sa part, n'y croyait pas trop.

— Si l'affaire est à ce point secrète, avait-il déclaré, les troupes ne vont pas défiler avec les tambours. Il est difficile d'être discret, par ici, vous le savez comme moi. Si un commando s'entraîne dans la région pour une action de guerre, ce ne peut être qu'en utilisant des structures déjà en place pour ne pas éveiller l'attention.

— Mais il n'y a aucune installation militaire fédérale dans cet État, avait objecté Lundbreck.

— Militaire à proprement parler, non, avait répondu Barons. Mais paramilitaire, oui. Il y a eu ici, à une époque, un camp d'entraînement privé. Le genre « camp de l'enfer », comme il en existait en Californie dans les années 1980. Une sorte de camp de vacances d'un genre très spécial où les « invités » payaient — très cher — pour vivre, pendant quelques heures ou quelques jours, la vie des camps de concentration.

— Des fous ! s'était écrié Brocket.

— Des fous, peut-être. Mais l'organisateur de ce camp, lui, ne l'était pas, fou. C'était un ancien *marine,* nostalgique des guerres coloniales, des opérations spéciales et des sévices corporels. Un commando à lui tout seul, qui gérait son entreprise d'une main de fer.

J'en avais entendu parlé, effectivement, mais j'avais toujours refusé de m'intéresser à ce genre de chose. Les distractions d'abrutis fortunés aux goûts pathologiques me paraissaient méprisables et les ignorer me semblait l'attitude la plus adéquate. Toutefois, j'avais demandé à Barons si ce camp existait toujours.

— Probablement, mais je suis comme toi, Claresholm, je n'ai jamais fréquenté ces gens-là, ni de près ni de loin. En revanche, je connais quelqu'un qui en sait long sur le sujet. Vous avez entendu parler de Lenny Coalhurst ?

Je connaissais un peu Coalhurst, effectivement. Un militant de longue date qui s'était illustré dans la lutte à outrance contre les grands lobbies. Je ne l'aimais pas trop : la violence de ses actions, à mon avis, avait jeté le discrédit sur des groupes comme le nôtre, qui n'en avaient pourtant pas besoin.

Cependant, Barons avait raison. Coalhurst était l'homme de la situation. Il ne s'était pas signalé au public depuis un certain temps, peut-être avait-il renoncé aux bombes. En tout cas, il avait côtoyé, c'est vrai, ces organisations paramilitaires qui fleurissent dans ce pays et recueillent toutes ces épaves qui ne peuvent vivre qu'avec un pistolet-mitrailleur dans chaque main.

Barons avait donc été chargé de contacter Coalhurst et de le faire venir dans le Montana.

À partir de là, les choses avaient pris une tournure assez étrange. Coalhurst, tout d'abord, n'avait rien voulu entendre. L'affaire, telle que Lundbreck la lui avait présentée, lui avait paru totalement invraisemblable. Coalhurst l'avait traité de fou, d'illuminé, et lui avait pratiquement raccroché au nez.

Et puis, quelques jours plus tard, il nous avait appelés pour nous dire qu'il arrivait. Il avait réfléchi, disait-il, et le cas, bien qu'en apparence complètement farfelu, était à considérer sérieusement.

Notre entrevue n'avait pas duré très longtemps. Coalhurst nous avait effectivement confirmé que le fameux camp dont nous avait parlé Barons existait toujours, même si, d'après lui, il n'hébergeait que d'innocents richards au cerveau dérangé.

Il connaissait bien ce milieu pour l'avoir approché de près, à l'occasion d'une sorte d'enquête qu'il avait réalisée pour un grand magazine allemand. Avocats, médecins, universitaires et dentistes étaient les principaux clients de ces camps où, abandonnant provisoirement leur identité, ils devenaient prisonniers russes ou cubains et se soumettaient à diverses vexations et tortures avant de retrouver, le cerveau lessivé, leur cabinet ou leur université.

Ces camps, bien sûr, cachaient autre chose. Du côté de l'encadrement, on trouvait d'authentiques professionnels de l'opération de commando qui avaient là l'occasion d'exercer des activités que l'environnement ordinaire d'une grande ville d'un pays en temps de paix ne pouvait pas offrir.

Chez ces tortionnaires, qui vivaient dans la nostalgie d'un monde féodal et militaire, Coalhurst avait rencontré de tout : simples assassins en puissance, illuminés préparant la venue de l'Antéchrist ou retraités des forces spéciales de l'armée de divers pays, inaptes à vivre en temps de paix.

Mais, surtout, Coalhurst avait noué des contacts qui pouvaient lui permettre de pénétrer dans ces camps sans trop de risque. C'était un milieu, disait-il, qui pouvait s'avérer extrêmement dangereux pour ceux qui tentaient d'y fourrer leur nez sans autorisation.

— Laissez-moi agir, avait-il conclu. Et, surtout, cessez complètement de vous intéresser à ce sujet. Discrétion totale. Je tiens à ma peau.

Puis Coalhurst avait disparu et, pendant près de deux semaines, nous n'avions plus eu aucune nouvelle de lui.

Dès la première semaine, j'avais commencé à me poser des questions. Une fois de plus, pouvions-nous lui faire confiance ? Après tout, Coalhurst n'avait passé que quelques heures à discuter avec nous. Nous n'avions pas appris grand-chose à son sujet, mais lui, je m'en souvenais maintenant, nous avait beaucoup interrogés.

Et, à présent, il s'était évanoui dans la nature sans que nous ayons le moindre moyen de le joindre. Il nous avait enjoint le silence le plus total et imposé de ne rien tenter pour le retrouver. Je ne pouvais m'empêcher de penser que nous avions été joués !

Après son refus catégorique, Coalhurst avait fait volte-face et était venu nous trouver comme si l'affaire était subitement devenue capitale pour lui. Une fois ici, il s'était renseigné sur notre groupe, sur nos activités, sur ce que nous savions de l'affaire. Nous nous étions comportés comme des débutants !

Pour qui travaillait-il, en définitive ? À qui avait-il transmis toutes ces informations ? En tout cas, il nous avait très habilement réduits au silence et avait constitué un sérieux dossier sur chacun de nous.

Nous étions assez divisés sur ce sujet. Barons, notamment, persistait à croire à l'honnêteté de Coalhurst.

— Il a raison, disait-il. Le silence le plus absolu est de rigueur. Nous avons affaire à forte partie, nos adversaires sont beaucoup plus puissants que nous. Nous ne savons pas qui ils sont ni ce qu'ils sont en train de préparer, mais eux, si ça se trouve, nous observent déjà. Il faut attendre.

Attendre, nous ne pouvions rien faire d'autre. Standoff, de son côté, ne s'était pas manifesté davantage. Que se passait-il ?

Alors avait eu lieu le premier coup de théâtre. À Springdale, dans le sud, sur les bords de la rivière Yellowstone, on avait découvert le corps de Barons, atrocement mutilé.

Le tueur s'était particulièrement acharné sur lui. La nature des blessures, aux pieds, aux mains et au front, la position du corps, tout portait à croire à un crime crapuleux, œuvre d'un déséquilibré. C'était d'ailleurs la version de la police locale. Mais le meurtre d'un militant politique, si crapuleux soit-il, ne peut-il pas cacher autre chose ? Paranoïa d'activiste semi-clandestin ? La suite m'avait prouvé que non.

Quelques jours plus tard, je recevais un message de Coalhurst. D'où appelait-il, il ne le disait pas. Il avait cependant respecté notre procédure pour les messages confidentiels : deux sonneries, raccrocher, trois autres sonneries, raccrocher encore. Puis, cinq minutes plus tard exactement, nouvel appel, cette fois vers une cabine publique dans un quartier calme de Great Falls, non loin de chez moi.

Coalhurst m'avait semblé extraordinairement agité.

— Ce que j'ai découvert est absolument aberrant, disait-il d'une voix saccadée. C'est fou ! Je ne peux pas t'en dire plus pour le moment. Dans les jours qui viennent, je t'apporterai d'ailleurs moi-même un mémoire que j'ai rédigé.

Puis il avait changé de sujet. Le message urgent qui motivait son appel était celui-ci : nous devions être sur nos gardes, Lewis Cranford venait d'arriver à Helena ! Et il avait raccroché brusquement.

Cette fois, ça commençait à sentir le roussi. Cranford, je le connaissais de réputation. Je ne l'avais jamais rencontré personnellement, mais des camarades avaient eu affaire à lui, quelques années plus tôt, lors des troubles qui avaient affecté la Californie à propos de l'immigration clandestine.

Cranford occupait une position importante au sein de la C.I.A. Personnage froid et calculateur, il passait aussi pour vicieux. En tout cas, il n'avait pas son pareil pour brouiller les cartes et monter ses ennemis les uns contre les autres. Son apparition quelque part, en général, ne laissait rien présager de bon…

Mais, au moins, une chose ressortait clairement de cet appel : Coalhurst, contrairement à ce que j'avais pensé, était vraiment de notre côté. Le problème, c'est qu'il devait être en mauvaise posture. Avait-il été découvert ? Et étions-nous menacés nous-mêmes ?

La réponse n'avait pas été longue à venir d'elle-même. La semaine suivante, c'était le tour de Brocket, qu'on retrouvait assassiné près de chez lui, à Goldbutte. Cette fois c'était clair. Lundbreck et moi allions y passer aussi, et Cranford, probablement, était à la base de ce travail d'élimination. Qui d'autre ?

Coalhurst avait-il été sous surveillance pendant toutes ces années, malgré le ralentissement de ses activités, et l'avait-on suivi jusqu'ici ? Dans ce cas, nous étions tous dans la ligne de mire du tueur. Et pourtant, nous ne savions rien. Pourquoi nous supprimer ?

Cependant, quelque chose me chiffonnait. Ces assassinats ne lui ressemblaient pas. Les blessures outrageantes, qui mutilaient les corps à la façon des christs de la peinture classique, ce n'était ni son style, ni celui de la *Compagnie*. Quel était le sens de cette boucherie gratuite ?

Du côté de la police et de la presse, en revanche, le mythe du *Boucher du Montana* prenait forme. Là se trouvait peut-être l'explication de la macabre mise en scène.

Les meurtres de Barons et de Brocket ne pouvaient guère passer pour des crimes passionnels. D'autre part, leur aspect politique ne devait pas être évoqué pour éviter les questions embarrassantes de la presse. À aucun moment, d'ailleurs, on n'avait mentionné l'appartenance des deux victimes à notre groupe politique.

Cranford avait donc pu demander à ses tueurs de donner une coloration très « fait divers » à leurs exécutions. D'où les mutilations sanglantes et répétées à l'identique sur les cadavres, qui devaient fatalement mener la police à l'idée du criminel fou qu'on désignait maintenant partout comme le *Boucher du Montana*.

Quoi qu'il en soit, Lundbreck et moi savions dorénavant que les meurtres allaient continuer. Le soir même de la mort de Brocket, Lundbreck m'annonçait son intention de quitter précipitamment la région pour aller trouver refuge chez des camarades de Californie.

Il ne devait jamais y arriver. Moins d'une semaine après sa disparition de Great Falls, on découvrait son cadavre à Polson, dans l'ouest de l'État. Je ne comprenais pas. Qu'est-ce que Lundbreck était allé fiche là-bas ? Ou bien avait-il été rattrapé par ses assassins en Californie, puis ramené au Montana pour l'inscrire au palmarès des victimes du *Boucher* ?

Si c'était le cas, cela signifiait qu'il était inutile de fuir. Cette intuition était devenue une certitude lorsqu'on avait retrouvé le cadavre de Coalhurst près de la frontière canadienne. Tôt ou tard, ce serait mon tour, même si on devait ramener mon corps d'une île du Pacifique. On ne pouvait pas lutter contre les hommes de Cranford…

Pourtant, la mort de Coalhurst avait fait naître en moi une autre angoisse, plus profonde, plus terrifiante. Je commençais à me demander si vraiment Cranford était responsable de ces exécutions, si derrière lui n'agissait pas quelqu'un de plus puissant, si une autre organisation, autrement plus secrète que la C.I.A., ne tirait pas les ficelles de cette machination.

Pourquoi ? Parce qu'il m'apparaissait clair que toute la mise en scène sanglante entourant les meurtres dépassait le simple maquillage de crimes politiques en série de meurtres commis par un psychopathe.

En m'interrogeant sur les raisons de ces transports de cadavres dans des lieux incongrus et difficiles d'accès, je m'étais dit que les tueurs ne se seraient pas donné tout ce mal sans un mobile précis.

Alors, reportant sur une carte les lieux où l'on avait disposé les corps de mes camarades morts, j'avais vu se dessiner la forme d'une flèche, une flèche qui indiquait clairement la direction de la Sibérie ! On avait donc supprimé tous ceux qui avaient tenté de découvrir quelle était cette formidable opération en cours contre cette région de Russie mais, en même temps, on faisait en quelque sorte parler les morts !

Un autre aspect de cette « signature » de la série de crimes m'épouvantait. Outre une flèche, on pouvait voir dans les quatre points, marqués sur ma carte, la forme d'une croix. Une croix à laquelle ne manquait qu'un élément : la croisée de la base et de la barre transversale ! L'horreur me sautait aux yeux : c'est là qu'on allait bientôt retrouver mon corps, pieds et mains troués !

Je savais que j'allais mourir, bien sûr, mais le fait de savoir maintenant où et dans quelle position on allait découvrir mon cadavre faisait ressortir pour moi toute la monstruosité de la situation.

Cet ensemble de signes sinistres me révélait aussi autre chose. Jamais la C.I.A. ne se serait livrée à ce genre de mystification. Il y avait quelqu'un au-delà de Cranford, j'en étais certain maintenant. Mais qui, alors, se trouvait derrière ce complot tortueux ? Quelle puissance mystérieuse était à l'œuvre dans l'ombre ?

Il ne me restait qu'une chose à faire avant de disparaître : retrouver le rapport que Coalhurst m'avait promis, et le mettre en lieu sûr. Je rêvais, sans doute. Peut-être cela ne servirait-il à rien, au bout du compte. Mais je voulais au moins, avant de mourir, connaître la vérité…

Finalement, c'est de la manière la plus étrange que ce rapport était tombé entre mes mains. J'avais trouvé, un matin, dans ma boîte aux lettres, un petit paquet posté de Casper, dans le Wyoming. Incidemment, je notais que Casper se trouvait dans l'exact prolongement de la droite passant par Babb et Springdale, mais dans le sens opposé à la Sibérie…

Ouvrant le paquet, je n'y avais trouvé qu'un livre, un de ces romans à deux ou trois dollars qu'on lit en attendant le train, qu'on jette et qu'on oublie. Le titre semblait annoncer une plaisanterie de mauvais goût : *Les derniers jours avant la fin du monde* ! S'agissait-il d'une ultime ironie de la part de mes tueurs ?

Je n'en doutais pas. Conscient de ce que je ne pourrais pas leur échapper, je ne me cachais même pas. Je me demandais même pourquoi j'étais encore en vie. Un répugnant jeu du chat et de la souris, sans doute… Barons, Brocket et Lundbreck avaient-ils reçu des avertissements semblables ?

Et puis, je m'étais souvenu que le meilleur moyen de crypter des messages confidentiels, la méthode qu'aucun ordinateur, aussi puissant soit-il, ne peut décoder, consiste non pas à chiffrer l'information, mais à la suggérer grâce à des allusions — littéraires, par exemple — faisant référence à une culture commune.

Me trouvais-je donc devant le dernier appel au secours de Coalhurst ? Ce livre contenait-il un clin d'œil que moi seul pouvais comprendre ? Dans le doute, et n'ayant rien d'autre à tenter, j'avais commencé la lecture de cet indigeste pavé…

La nuit était déjà tombée et je commençais à perdre espoir. Je n'avais rien trouvé dans cette histoire délirante et interminable quand, soudain, j'avais été intrigué par une phrase qu'une marque de doigt semblait signaler : *N'ayant pas pu digérer ce taco d'un âge douteux, je me précipitai dans les toilettes pour le vomir. J'en avais mis partout, même sur le réservoir de la chasse d'eau…*

La veille de son départ, nous avions dîné avec Coalhurst, les camarades et moi, dans un restaurant Taco Bell de Great Falls. Coalhurst y était-il donc revenu ? Peut-être. Lors de son dernier appel, il m'avait promis qu'il m'apporterait son rapport ici, en personne.

Se sachant probablement suivi, épié, il n'avait pas voulu venir chez moi et avait dissimulé le rapport dans les toilettes du restaurant, puis s'était enfui vers le Wyoming. C'est là, sans doute, qu'il avait été tué, avant qu'on ne ramène son cadavre dans le nord du Montana.

Le lendemain, j'étais donc allé déjeuner au Taco Bell. Me précipitant dans les toilettes, j'avais soulevé le couvercle de la chasse d'eau, selon ce que m'avait suggéré la phrase du livre. C'était bien ça. Un coup classique, mais qui a fait ses preuves. Un petit paquet enveloppé de plastique semblait m'attendre…

Le rapport de Coalhurst m'avait fait froid dans le dos. La machination infernale qu'il révélait dépassait tout ce que j'avais pu imaginer ! C'était proprement hallucinant. L'Amérique nageait donc en plein délire !

Maintenant, je savais. Malheureusement, ce document ne me sauverait pas la vie. Tout ce qu'il me restait à faire, c'était de le mettre en lieu sûr. Cependant, sa lecture m'avait mis dans un tel état de nervosité que je n'avais rien été capable d'inventer.

Reprenant donc simplement le truc de Coalhurst, j'avais passé le reste de ma journée à la bibliothèque municipale de Great Falls, à feuilleter l'impressionnante et lamentable collection des ouvrages de Lester Cowley…

4

LENNY COALHURST

Claresholm et sa bande de petits militants, j'en avais déjà entendu parler. J'avais connu l'un d'eux, un nommé Barons. Des gars qui n'avaient pas évolué depuis des années, qui en étaient restés aux tracts revendicatifs et aux déclarations de presse indignées, et qui s'imaginaient, moins nombreux que les doigts de la main, pouvoir encore changer le monde…

Des purs, comme ils se considéraient eux-mêmes, des adolescents attardés, selon ce qu'en pensaient les autres… Moi, j'avais compris depuis longtemps qu'on ne peut vaincre un ennemi, lorsque celui-ci est des milliers de fois plus gros que nous, qu'en utilisant et détournant ses propres armes.

J'avais aussi appris, avec les années, que les ténors, prophètes et gourous des causes que nous défendions étaient, dans le fond, aussi pourris que ceux que nous désignions comme nos ennemis. Pas plus mafieux qu'un dirigeant de syndicat, pas plus intolérant qu'un révolutionnaire... C'est pourquoi j'avais fini par les mettre tous dans le même sac et par donner à mes actions un sens beaucoup plus personnel.

J'agissais donc contre tout ce qui *me* révoltait, selon mes propres critères, sans tenir compte des classifications établies par les théoriciens de tout poil, pour qui tout était soit blanc, soit noir. Pour ma part, d'ailleurs, j'avais plutôt tendance à penser que tout était noir...

Quoi qu'il en soit, je m'étais plus ou moins retiré des circuits habituels de l'agitation sociale — qui étaient bien peu traditionnels en Amérique du Nord ! — pour m'intéresser davantage aux grands empires de presse qui, eux, sont les véritables détenteurs du pouvoir.

J'avais fourni à de grands magazines, tant américains qu'européens, des reportages sensationnels sur les misères et les horreurs cachées du plus grand pays du monde, le plus beau, le plus intelligent, celui choisi par Dieu lui-même pour être le dépositaire de ses plus stupéfiantes merveilles…

Et il y en avait, des merveilles ! J'arrangeais toujours un peu, bien sûr, pour coller aux préoccupations du jour, mais, dans le fond, même mes hypothèses les plus hardies n'étaient rien en regard des abominations que les gens de ce pays sont capables d'inventer. L'affaire absolument hallucinante sur laquelle allait déboucher l'appel de Barons était là pour me le prouver…

Je n'avais pas vu Barons depuis des années. Lui et son groupe, dirigé par un certain Lee Claresholm, ne faisaient plus partie de mes relations habituelles.

Lorsque Barons m'avait exposé son cas, j'avais pensé qu'il était devenu fou. Cette histoire de complot militaire préparé dans le plus grand secret et dirigé contre la Russie me paraissait relever de la paranoïa la plus pure. Pauvre type ! m'étais-je dit. En être réduit à imaginer des salades pareilles… Je lui avais pratiquement ri au nez.

Pourtant, quelques jours plus tard, une visite inattendue m'avait fait changer d'avis. Brusquement, sans prévenir, Cranford s'était présenté chez moi en personne !

Je connaissais Cranford depuis longtemps. J'avais eu affaire à lui lors de ma période « action directe », puis je l'avais revu à plusieurs reprises, alors que je commençais à penser mon activisme d'une façon différente. Lui, il avait peut-être cru tout simplement que j'avais retourné ma veste et il s'était dit qu'il pourrait m'utiliser pour infiltrer les milieux contestataires que je fréquentais depuis si longtemps.

Je n'avais pas essayé de le détromper. J'avais joué le jeu et j'étais ainsi devenu, au fil des années, un collaborateur presque officiel de la C.I.A., sans que personne d'autre ne soit au courant. Je pouvais ainsi jouer sur deux tableaux et tracer ma propre voie…

Je ne prétends pas que Cranford me faisait confiance. Je suis même certain du contraire. Méfiant à l'extrême, il doutait de tout et de tous. Par ailleurs, il n'était pas très clair, lui non plus. Personne n'aurait pu se vanter de savoir ce qu'il pensait réellement, ni quelles étaient ses motivations profondes. C'était un type insaisissable, dans tous les sens du terme...

L'objet de la visite de Cranford était étrange. Non seulement je ne parvenais pas à discerner où il voulait en venir exactement, mais j'avais l'impression que lui-même n'était guère plus avancé. En fait, je me rendais compte qu'il essayait de me faire parler, sans en avoir l'air, sur un sujet que j'étais censé connaître.

Curieusement, l'invraisemblable affaire à laquelle il faisait allusion semblait être la même qu'avait évoquée Barons la semaine précédente, ce qui ne manquait pas de lui donner une tout autre dimension. Si la C.I.A. était dans le coup, c'est qu'il ne s'agissait plus d'un inoffensif délire de révolutionnaire raté !

Mais le plus étonnant de l'histoire, ce n'était pas cet incroyable coup militaire projeté contre je ne sais quel objectif en Sibérie orientale, c'était que Cranford ait choisi de venir m'en parler ! Un tel secret d'État n'aurait jamais dû dépasser un cercle extrêmement restreint de hauts dignitaires de l'État. Pourquoi moi ?

De plus, des fumeuses explications distillées avec parcimonie par Cranford, je retenais surtout une chose : c'est qu'il n'avait pas l'air très au courant lui-même de ce dont il parlait. Agissait-il en marge de la *Compagnie*, voulait-il en savoir plus sur un dossier qu'on n'avait pas jugé bon de lui communiquer, ou bien la C.I.A. avait-elle été tenue à l'écart, par l'armée fédérale, de ce rocambolesque projet ?

J'en étais à me demander si je n'avais pas été moi-même la source de son information ! Cet imbécile de Barons m'avait débité son discours au téléphone sans prendre de précaution. Or, il avait accumulé les mots qui déclenchent automatiquement l'écoute active des systèmes d'espionnage électronique : camp militaire, Russie, complot, États-Unis, etc. Même si ma ligne téléphonique n'était pas sous surveillance constante, l'emploi de ces mots avait dû donner le signal de l'enregistrement.

J'en avais d'ailleurs eu la quasi-certitude quand Cranford, pour conclure, m'avait suggéré de me rendre en personne au Montana pour voir de quoi il retournait. Je devais enquêter et lui remettre un rapport. Quant à mes méthodes, avait-il ajouté, j'avais le champ libre.

Je ne pouvais pas croire à la pureté des intentions de Cranford. Pourquoi me chargeait-il de cette mission hautement confidentielle alors que je n'étais qu'un franc-tireur occasionnel ? Manquait-il à ce point de confiance dans sa propre maison ? Ou bien, et cette hypothèse me paraissait plus juste, ne m'expédiait-il pas dans le Montana pour jouer le rôle d'appât ?

En m'envoyant faire le trouble-fête, il espérait sans doute remuer des eaux vaseuses au travers desquelles il ne distinguait pas nettement ce qui se tramait. Mais pour pêcher quel genre de poisson ?

Cette affaire ne me disait rien de bon. Trop de gens impliqués, d'origines et de milieux trop différents. Un panier de crabes dont je ne voyais pas le fond... Cependant, l'énigme qui s'y dissimulait avait piqué ma curiosité. Ayant donné mon accord à Cranford, j'avais rappelé Barons pour lui signaler mon arrivée.

Une fois à Great Falls, je n'en avais pas appris beaucoup plus. L'équipe de Claresholm, elle, avait eu vent de ce mystérieux complot par un ancien agent soviétique qui, comme nombre de ses collègues, n'avait pas vu son service interrompu par le changement de régime en Russie.

Où l'espion russe avait-il pris l'information ? Probablement d'un de ses propres agents infiltrés dans le contre-espionnage américain, ou encore par un de ses nombreux systèmes d'écoute électronique qui parasitent depuis quelques années tous les réseaux de transmission de données, par câble ou satellite.

Cela pouvait expliquer pourquoi il n'en savait pas plus long : s'il avait été mis au courant de l'affaire en détournant des messages de la C.I.A., il ne pouvait être mieux informé que cette dernière. Au contraire, j'aurais dû en apprendre davantage de Cranford. Or, apparemment, les Russes en connaissaient autant que lui, c'est-à-dire presque rien.

Je me demandais même qui avait appris de l'autre l'existence de ce complot insensé ! Et d'où venait, à la base, cette information fantastique. J'avais l'impression d'avoir mis les pieds dans un bourbier sans fond, d'intervenir dans une machination dont aucun des protagonistes n'avait l'air de savoir qui en tirait les ficelles…

Tout ce que je pouvais deviner, en fin de compte, c'est que les services secrets de deux pays ennemis avaient mis au jour l'organisation ultraconfidentielle d'une opération militaire dont on ignorait le but mais dont la réalisation pouvait mener les deux pays à la catastrophe.

Il y avait là tous les symptômes de l'intox politique, de la tentative de déstabilisation internationale. Mais qui voulait intoxiquer l'autre ? Y avait-il à l'œuvre une troisième partie, dont on ne pouvait que soupçonner l'existence au travers d'un invraisemblable imbroglio ?

Je n'avais pas de temps à perdre avec des minables de l'envergure de Barons ou Claresholm. Ceux-là n'étaient que des pions sans importance. Ceux qui comptaient vraiment, dans ce cas extraordinaire, n'étaient peut-être même pas ici. Mais leurs hommes de main, très probablement, se dissimulaient ici, au Montana, dans un de ces camps dont Barons avait eu raison de croire que je savais comment m'y introduire…

J'étais donc reparti en Californie, où je connaissais une sorte de chasseur de têtes qui recrutait de vrais durs à cuire pour l'encadrement de ces authentiques « camps de vacances » pour les déçus du rêve américain.

Ancien du Viêt-nam, ce type, nommé Magrath, regrettait l'époque où l'Amérique regorgeait d'anciens combattants inaptes à la vie civile qu'il pouvait engager pour une bouchée de pain. Tous trop vieux, maintenant. Les vrais tueurs étaient rares, et ils préféraient se mettre au service de la mafia, qui leur garantissait une vie confortable, plutôt que d'aller s'enfermer entre des barbelés sous un soleil de plomb.

Magrath me connaissait sous un faux nom et me prenait pour un de ces jeunes infortunés — j'ai pourtant plus de quarante ans ! — qui n'avaient pas connu la vraie vie, celle du Viêt-nam et des guérillas d'Amérique du Sud, mais qui en rêvaient pourtant.

Je lui avais expliqué que, depuis la chute du régime soviétique, je ne savais plus où j'en étais, que les ennemis de l'Amérique n'avaient plus de nom, qu'ils serraient la main de notre président, qu'ils avançaient maintenant masqués…

— Où combattre, maintenant ? avais-je pleurniché en guise de conclusion. Dieu ne nous protège plus !

J'avais tapé juste. Je savais que pour Magrath, ce genre d'énormité ne pouvait pas être une plaisanterie. Il avait hoché lentement la tête, d'un air profondément démoralisé, puis il m'avait dit :

— Tu peux encore être utile à ton pays et à ton Seigneur, mon garçon. Il y a une cause que tu peux servir, si tu as du courage.

Dès le lendemain, je revenais au Montana, avec un laissez-passer pour un de ces établissements très spéciaux sur lesquels j'avais déjà enquêté. Une immense propriété, au pied des Rocheuses, entièrement clôturée et surveillée en permanence par un hélicoptère.

À l'entrée, aucun nom, aucune inscription, mais les éventuels visiteurs étaient impitoyablement refoulés, sans discussion possible. Sans la lettre de Magrath, je n'y aurais pas fait un pas.

On m'avait bandé les yeux, fait monter dans une Jeep et emmené le long d'une piste cahoteuse. Après une attente interminable et une série d'interrogatoires auxquels j'avais su donner les réponses attendues, on m'avait finalement fait entrer, yeux débandés, dans un coquet bureau par les fenêtres duquel j'apercevais les montagnes.

J'y avais été reçu par le commandant du camp, un type assez âgé à la figure claire, aux cheveux blancs et aux yeux bleus. Son visage ne me disait rien. Peau trop blême pour être un homme de terrain, m'étais-je dit. Voix trop douce, doigts trop lisses. Bizarre. Pas le profil habituel du militaire cuit par le soleil et le grand air que je m'attendais à trouver ici. D'où sortait-il ?

Notre entretien s'était déroulé dans une ambiance assez étrange. Je connaissais bien le vocabulaire et le discours à tenir en face de ce genre de fou qui ne se fait pas à la démocratie, mais il y avait chez celui-ci quelque chose d'autre, de plus profond, que je n'arrivais pas à discerner.

Très calme, presque sirupeux, ce gars-là n'avait rien d'un chef de guerre. Je l'aurais bien vu, tout habillé de blanc, recevoir des vieilles dames dans un temple mormon. Les vigiles qui m'avaient cueilli à l'entrée, pourtant, étaient de vrais professionnels. Un mélange insolite…

Pour ce premier contact, je m'étais cantonné dans mon rôle d'homme droit mais désorienté par les méandres d'une société basée sur le commerce et caractérisée par son manque de foi, et néanmoins prêt pour toutes les croisades. Je ne tenais pas à attirer l'attention par des questions indiscrètes.

On m'avait par la suite affecté à une unité, désigné un baraquement et présenté mon chef de corps. Là, je retrouvais un semblant de logique.

Mon supérieur hiérarchique, le sergent Priddis (sergent de quelle armée, d'ailleurs ?), avait le physique de l'emploi. Une brute épaisse dont les compétences se bornaient à faire ramper dans la boue un groupe de pauvres types hypnotisés par la puissance de ses cordes vocales.

Priddis n'avait pas perdu de temps en civilités avec moi. Il m'avait collé une arme automatique sur les bras et m'avait envoyé rejoindre les autres, qui s'escrimaient sur un parcours du combattant particulièrement ardu.

Pendant trois jours, je n'avais pas pu apprendre grand-chose. Les types avec qui je crapahutais à longueur de journée étaient des abrutis finis, des simples d'esprit animés par une haine toute prête contre l'ennemi qu'on leur désignerait, conditionnés pour se jeter comme des chiens sur un plus pauvre qu'eux pour le déchirer, le massacrer, l'anéantir…

Tant qu'il s'agissait de ramper dans la boue, les mains liées dans le dos, tandis que les autres leur lançaient des pierres ou les bourraient de coups de pieds, ou bien de décapiter un poulet vivant avec les dents, c'étaient des virtuoses, mais pour le reste, empaillés, ils auraient aussi bien pu servir de presse-papiers.

Quelquefois, au cours d'exercices de tir ou de combats au corps à corps particulièrement violents, l'un d'eux se retournait vers moi, haletant, les yeux étincelant d'une fièvre homicide, et me lançait :

— Salauds de rouges ! Qu'est-ce qu'ils vont déguster ! Quand on en sera revenu, il ne poussera plus un brin d'herbe en Sibérie…

Je ne pouvais pas lui répondre que les rouges, ils avaient fondu depuis un bon moment. Mais j'approuvais, l'air admiratif, et je demandais :

— Quand est-ce qu'on part ? J'ai vraiment hâte… Tu sais ce qu'on va faire, toi ?

Un voile passait sur les yeux injectés de sang. La question lui paraissait-elle trop difficile, ou juste superflue ? Au mieux, le gars avait un vague sourire méprisant et maugréait :

— Ben, casser des *Commies*, non ?

Je n'en étais pas si sûr. Malheureusement, il n'y avait rien d'autre à tirer de ces machines à tuer pour qui le cerveau n'était qu'une tumeur maligne dont on les avait heureusement débarrassés. Priddis non plus, pour autant que je pouvais en juger, ne savait pas exactement ce qu'il faisait là. Aboyer dans une armée ou une autre, il ne se posait pas la question. Priddis ne se posait manifestement aucune question…

Le seul, ici, qui savait peut-être à quel genre de mission on nous préparait, était le commandant. Tout le monde l'appelait le « commandant », sans autre précision. Ce n'est que plus tard que j'avais appris son nom : Mossleigh. On le vénérait, mais on le voyait peu. Je ne comprenais pas ce qui se préparait dans ce camp. Dans quel bourbier avais-je mis les pieds ?

Une chose était certaine : ce centre d'entraînement n'avait rien à voir, de toute évidence, avec l'armée des États-Unis. D'où venaient donc ses ordres ? Qui le commanditait ? Quelle était sa finalité ?

Le fait que la C.I.A. autant que les services secrets russes — que je représentais d'ailleurs tous les deux en même temps sans qu'ils le sachent ! — aient pris la peine de m'envoyer ici pour en savoir plus démontrait pourtant que l'affaire n'était pas anodine. Et j'avouerai que je ne me sentais pas très à l'aise.

Et puis, le troisième soir, j'avais rencontré un type bizarre. Rien à voir avec les sinistres brutes dont je partageais pour ainsi dire l'intimité depuis mon arrivée au camp.

Bavard, souriant, Coutts détonnait complètement dans cette cage aux fauves. Il appartenait à un autre groupe qui était parti en entraînement dans la montagne et venait juste de rentrer au camp.

Je m'étais isolé dans un coin désert, loin des baraques, pour respirer un peu. Mais, comme j'étais nouveau, il était venu me voir et avait commencé à discuter avec moi. Il parlait sans arrêt sans se soucier, apparemment, de savoir si je l'écoutais. Je n'avais pas tardé à me rendre compte qu'en fait, Coutts était fou. Pas stupide, pourtant, cultivé, un peu artiste, peut-être, mais résolument illuminé !

Au début, je l'avais laissé parler autant pour me distraire, sans doute, que pour en apprendre quelque chose. Mais, très vite, des éléments de son discours en apparence incohérent m'avaient fait dresser l'oreille.

Pour la première fois depuis le début de mon séjour ici, j'entendais parler de mission. L'intarissable bavardage de cet exalté pouvait sembler totalement décousu — et c'est sans doute ainsi que le percevaient les autres —, mais en fait, Coutts me semblait être le seul, en définitive, à savoir vraiment pourquoi nous nous trouvions dans ce camp.

Il avait l'air de s'être pris de sympathie pour moi. Extérieurement, pourtant, je ressemblais aux autres. Le fait de m'être mis à l'écart, peut-être, alors qu'eux-mêmes restaient en meute, lui inspirait confiance.

Cependant, il fallait y aller en douceur. Ce genre de dingue, même s'il a l'air tout disposé à vous raconter sa vie, peut brusquement décider, pour une raison inconnue, ou peut-être tout simplement parce qu'il sent qu'on se moque de lui, de se taire définitivement.

Je devais entrer dans son jeu sans avoir l'air de me fiche de lui, ce qui semblait monnaie courante ici. Il me l'avait fait remarquer dès le début de la conversation :

— Toutes ces brutes sans foi ni loi ne sont que des fauves. Ils me prennent pour un idiot, pour un hystérique, si toutefois ils connaissent ce mot ! Et pourtant, ils ne sont que des chiens aveugles, les chiens de l'Ordre ! L'Ordre leur jette un os, et ils vont aller le chercher. Ils sont dressés pour ça…

Sa façon de prononcer ce mot, *l'Ordre*, ne laissait planer aucun doute sur l'importance que celui-ci avait dans son esprit. De quel Ordre s'agissait-il, je ne tenais pas à questionner Coutts sur ce sujet dans l'immédiat. J'avais jugé préférable d'avoir l'air d'être au courant, pour bien lui montrer que je n'étais pas un vilain curieux, que, au contraire, je venais du même camp que lui.

— Tu as raison, lui avais-je dit. Ils n'ont qu'à obéir, obéir aveuglément. Ils n'ont pas à savoir. D'ailleurs, ils ne comprendraient pas…

— Exactement ! avait-il repris d'un ton enflammé. Ils ne sont que des choses, ils n'ont pas l'étincelle, pas l'inspiration ! Ils portent des armes, mais ils n'ont pas d'âme, tout comme ceux que nous combattons ! Ils sont, finalement, de la même espèce…

— Mais nous pouvons les guider.

— Oui, les guider, c'est ça ! Les exciter, les lancer à l'assaut… Une fois là-bas, nous aurons besoin de loups féroces, pas d'hommes. Voilà ce que nous faisons d'eux ici : des loups !

Coutts était debout devant moi, agitant les bras tout en parlant. Il ne me regardait même plus.

— Bientôt ils partiront, ils souffriront dans le froid, dans la neige, ils auront faim… Ils devront éviter les pièges, ils ne devront pas se faire voir… Leur mission ne sera pas facile. Aucun d'entre eux ne reviendra, peut-être, mais ils réussiront, car l'Ordre est leur guide, et ils le trouveront, ils l'arracheront aux griffes de ses geôliers et ils le ramèneront, et Lester Cowley ne sera pas mort pour rien !

Je ne savais plus quoi penser. Le discours de Coutts était devenu franchement incohérent, délirant, mais il n'y avait plus moyen de l'arrêter. Mais de quoi parlait-il, enfin, et de qui ?

Cette mission, qu'il me décrivait en termes apocalyptiques, parlait d'un prisonnier qu'il fallait libérer, d'un personnage assez important pour que quelqu'un tente une opération aussi formidable, aussi dangereuse qu'une expédition armée au cœur de la Sibérie. Mais de qui s'agissait-il, nom de Dieu ? Qui était prisonnier, et qui était prêt à tout pour aller le libérer ?

C'était absolument absurde, irréaliste. Je ne voyais pas quel personnage extraordinaire les Russes pouvaient maintenir captif, et quelle importance pouvait avoir ce dernier pour que, au cœur des États-Unis, un groupe surarmé soit en train de préparer sa délivrance, au nez et à la barbe de l'armée et de la C.I.A.

Ou bien je faisais fausse route. Trop fatigué pour réfléchir, peut-être, je m'étais laissé embarquer dans la rocambolesque histoire que Coutts, tout à sa folie, avait inventée pour meubler son monde complètement déjanté.

Oui, ce ne pouvait être que ça. Aucun président des États-Unis, aucun directeur de la Banque fédérale, n'avait jamais disparu. Bill Gates lui-même se portait comme un charme ! Coutts avait pété les plombs et moi-même, abruti par trois jours d'une vie de commando, j'avais failli gober ses calembredaines !

Et pourtant… J'en avais déjà vu, des cinglés haut placés, très haut placés, même, croire aux vies antérieures ou aux cavaliers de l'Apocalypse, et agir en conséquence au sein de leur ministère ou de leur bureau d'étude. Des allumés dangereux, il y en avait jusqu'aux environs du bureau ovale… Je devais en avoir le cœur net. Après tout, Coutts était ma seule piste, je devais la vérifier.

Le lendemain, profitant de la pause de midi, j'avais tenté de m'approcher du bungalow du « commandant » Mossleigh. Pas facile. Le vieux était protégé comme les joyaux de la couronne ! Tout ce que j'avais pu faire, ç'avait été de jeter un coup d'œil rapide à l'intérieur de son bureau, profitant d'un moment où je l'avais vu sortir par l'autre côté.

Je n'avais pas vu grand-chose, mais cela m'avait suffi. Sur une immense carte de la Russie qui recouvrait le mur du fond du bureau, une croix était plantée comme un poignard sur un point situé à l'est du lac Baïkal. Et juste en dessous, tracés en lettres rouges sur un fond blanc, ces trois mots : *Il est ici !*

C'était donc vrai ! Cette ahurissante histoire de prisonnier retenu en Sibérie n'était pas une invention de Coutts ! Je venais aussi de comprendre autre chose. Ce n'est pas dans ce camp que j'en apprendrais davantage. Les pauvres types qu'on entraînait ici n'étaient que des instruments aveugles. La solution était ailleurs.

Je ne devais pas trop compter sur Coutts. Lui-même était dangereux. Il parlait trop. Continuer à le voir pouvait attirer l'attention sur moi.

Était-il déjà trop tard ? Le soir même, alors que je réfléchissais au moyen de m'évader d'ici, Coutts surgissait devant moi.

— Danger ! avait-il murmuré. Ils sont partout, ils nous observent. Même le vieux Mossleigh est sous influence ! Moi, j'en sais trop et ils veulent me supprimer. Je m'en doutais depuis le début. Le moment est venu : Lewis Cranford est arrivé à Helena, je viens de l'apprendre. Ce sont eux qui l'envoient ! Mais je marche dans la lumière et je suis prêt à mourir pour elle. Je serai un martyr !

Coutts ne s'arrangeait pas. Son visage s'illuminait comme ceux de ces fous qui prêchent sur les trottoirs de San Francisco. Il allait m'attirer des ennuis !

— Il faut que le monde sache ! avait-il repris. Tout à l'heure, j'ai glissé sous ta paillasse une lettre que je portais toujours sur moi. Tu vas l'emporter d'ici. Tu dois filer vers le sud à travers la montagne, passer au Wyoming, transmettre la lettre. Le siècle à venir sera celui de la lumière et de la résurrection !

Et Coutts s'était évanoui dans la nuit aussi vite qu'il était apparu.

Le lendemain matin, une certaine effervescence régnait dans le camp. Coutts s'était suicidé, disait-on. On l'avait retrouvé, le visage fracassé sur les rochers, son propre couteau enfoncé en plein cœur. Ça commençait à sentir mauvais pour moi.

Sous mon matelas, j'avais effectivement trouvé sa lettre, soigneusement enveloppée dans trois épaisseurs de tissu. Discrètement, j'avais glissé le mince paquet sous ma chemise. Impossible de l'ouvrir ici. Trop d'yeux indiscrets.

En fin de journée, au cours d'une marche forcée, alors que le soleil passait déjà de l'autre côté des montagnes, je m'étais jeté dans un fourré, laissant aux autres le temps de s'éloigner. Puis, sans perdre de temps, je m'étais relevé et avais pris la fuite vers le sud.

Franchir la clôture n'avait pas été trop difficile. Je m'étais muni de pinces. Mais je savais que mon absence avait déjà été remarquée, et je me doutais bien qu'en découpant un passage dans la clôture, j'avais dû déclencher un système d'alarme.

Dans la matinée, j'avais volé une voiture dans une ferme et avais pris la route de Casper. Une fois à Casper, j'avais enfin ouvert la lettre de Coutts.

Ce que j'y avais appris dépassait l'imagination. Je n'arrivais pas à y croire. On nageait en plein irrationnel, dans la plus furieuse démence ! J'aurais dû en rire. Et pourtant, tout ce que ce pays comptait d'important dans les affaires de l'État s'y trouvait impliqué.

Coutts m'avait annoncé l'arrivée de Cranford à Helena comme le signal de sa propre mort. Quel jeu jouait-il, celui-là ? Il en savait beaucoup plus qu'il ne m'en avait dit quand il m'avait envoyé ici. En fait, la seule chose qui lui manquait, c'était l'identité du fameux prisonnier autour duquel tournait toute l'histoire. Et moi, à présent, je la connaissais !

Cela ne me mettait pas à l'abri, bien au contraire. Je commençais à comprendre le but des manœuvres de Cranford. Moi aussi, comme Coutts, j'en savais trop maintenant. Et j'étais la prochaine cible !

Je me sentais devenir fou. Trop de chasseurs pour un seul gibier, et pour une affaire dont, il y a quelques jours encore, j'aurais ri aux larmes. Je n'avais plus qu'une chose à faire : mettre ce dossier en lieu sûr, avertir Claresholm et disparaître.

Et peut-être, aussi, me décider à lire enfin Lester Cowley…

5

LEMUEL COUTTS

Moi, Lemuel Coutts, je voulais être son héros, puisque je ne pouvais pas être son prophète.

Lester Cowley l'avait été avant moi, il avait annoncé la fin du règne des Ténèbres, il nous avait indiqué où se trouvait la Lumière, prisonnière de l'empire de l'ombre, puis il avait marché avec son père. D'autres avaient écrit qu'il était mort…

Mort ? Pauvres ignorants ! Aveugles ! Mort, son corps aurait été retrouvé ! Pourtant, même au sein de l'Ordre, on le croyait vraiment. Mais, quand on meurt, on laisse un cadavre, et Lester Cowley, lui, n'a pas laissé derrière lui la moindre enveloppe charnelle !

Cowley, je dois le préciser tout de suite, n'avait jamais appartenu à l'Ordre.

D'ailleurs, on ne pouvait pas intégrer celui-ci comme on entre dans un club de golf. Nous étions tous des élus. Pour en faire partie, il fallait être choisi et parrainé par un membre.

Je ne peux pas dire à quelle époque l'Ordre a été fondé. Lorsque j'y ai été admis, au sortir de mes études de théologie, sur les conseils d'un de mes professeurs, l'Ordre était déjà une institution ancienne. Beaucoup pensaient même qu'il avait toujours existé, et qu'il survivrait à la fin des temps.

On y trouvait des personnalités importantes venues de tous les secteurs de l'activité humaine : universitaires, acteurs, politiciens, riches propriétaires fonciers… Hommes responsables et influents mais, surtout, extrêmement discrets.

L'Ordre n'agit jamais directement, au grand jour. Ne pas s'exposer est le meilleur moyen de se protéger. Le secret absolu est notre garantie. Les membres de l'Ordre usent de leur influence en douceur et, si une action plus précise doit être envisagée, ils la confient toujours à des tiers qui ne savent jamais qui en est à l'origine.

Ce camp, par exemple, est rempli de mercenaires, des gars rudes et capables, prêts à aller jusqu'au bout, mais ils ne savent pas pourquoi. Ils connaissent notre destination, la Sibérie orientale, mais pas l'identité de Celui que nous devons aller chercher.

Même les rabatteurs que nous utilisons pour recruter nos soldats, comme ce Magrath, à Los Angeles, ignorent le but final de l'opération. En fait, ici, seuls Mossleigh et moi-même faisons partie de l'Ordre et savons…

Oui, nous savons qu'Il est là-bas, depuis près d'un siècle maintenant. Grâce à Lester Cowley. Mais comment avions-nous pu être aveugles à ce point-là, pendant tout ce temps, et ne pas avoir vu que Celui que nous attendions tous était déjà là, qu'Il était revenu !

Oui, notre Seigneur était revenu, mais nous ne L'avions pas reconnu ! Le Sauveur était revenu dans un déluge de feu, ce matin du 30 juin 1908, et Il avait embrasé le ciel de la Sibérie avant de s'abîmer près de la rivière Tunguska, loin à l'est du lac Baïkal.

Que s'était-il passé exactement ? Pourquoi le Messie avait-Il atterri aussi loin de l'Amérique, Sa terre d'élection ? Personne, aujourd'hui encore, ne peut donner d'explication. Une seule chose est certaine : Jésus, enfin revenu sur Terre, était tombé au mauvais endroit !

Dans quelle famille obscure avait-Il alors grandi, éloigné de tout sur cette terre ingrate et abandonnée par le Ciel ? Et pourtant, sans doute aurait-Il pu surmonter les obstacles, comme Il l'avait déjà fait vingt siècles auparavant, et survivre aux Hérode et aux Pilate pour faire enfin Son entrée triomphale dans la Jérusalem du Nouveau Monde.

Il aurait pu, oui, si les puissances de l'ombre n'avaient alors fait irruption dans ce pays, le noyant dans un déluge de sang et d'horreur. Le Malin savait ce qu'il faisait ! Il avait choisi pour fonder son empire sur la Terre le lieu même où notre Seigneur Jésus-Christ venait à peine de naître, où Il n'était encore qu'un enfant de onze ans, faible et sans défense.

Comment, dès lors, ce siècle aurait-il pu ne pas être considéré, et pas seulement par nous-mêmes, comme le siècle de la barbarie, le siècle diabolique, le siècle du Mal ? Tout venait de là, mais nous n'avions pas compris pourquoi, cependant que ce millénaire s'enlisait dans la mécréance.

Le Mal avait gagné le monde, pourri les continents, gangrené les âmes… Seule l'Amérique se dressait encore contre lui, protégeant le monde, malgré lui parfois, ultime garante de la Justice et de la Liberté !

Ici même, pourtant, des groupuscules apparaissaient et tentaient d'instiller leur venin au cœur du dernier pays libre. L'ennemi était partout, près de nous, en nous… Tous, les uns après les autres, succombaient aux appels pernicieux. Seul l'Ordre veillait encore…

Pour combien de temps ? Le règne de l'Antéchrist approchait, sa victoire était presque définitive. Nos mémoires vidées n'avaient plus rien à lui opposer.

C'est alors que Lester Cowley était apparu, tandis que ce siècle s'achevait dans le chaos et la misère morale. Il avait découvert, lui, que tout n'était pas perdu, que le Seigneur ne nous avait pas abandonnés. Son Fils était là, toujours, depuis cette nuit de 1908 où personne n'avait compris le message de Son Étoile.

La grande lumière de Tunguska s'était éteinte dans les plaines de Sibérie, mais elle n'était pas morte. Le Messie était toujours là, retenu dans les solitudes glacées. La vérité éclatait enfin sur la plus grande catastrophe de tous les temps : Jésus, depuis plus de quatre-vingts ans, était prisonnier des Soviétiques !

Un des premiers soins de ceux-ci, lorsqu'ils avaient pris le pouvoir, en 1917, avait bien sûr été de neutraliser Celui que son père avait renvoyé sur Terre pour y faire régner la paix et instaurer enfin le royaume de la justice éternelle. L'Armée rouge avait fait irruption chez les parents adoptifs de Jésus et L'avait emmené.

Jamais on ne L'avait revu et, pendant près de soixante-dix ans, personne n'avait plus jamais entendu parler du disparu. Il avait fallu attendre le début des années 1990, avec l'effondrement du régime soviétique, pour que l'espoir renaisse.

À ce moment-là, un prisonnier avait réussi à s'échapper du dernier camp d'internement pour les détenus politiques que le nouveau régime avait maintenu en fonctionnement. On y gardait les personnes considérées comme dangereuses même après le changement de pouvoir.

Cet homme, un vieillard nommé Leonid Choutovskoï, avait pratiquement passé sa vie entière dans les goulags. Un incroyable périple à travers la Sibérie, la Chine, puis la Corée, l'avait finalement mené jusqu'aux États-Unis où, après une errance de quelques années, il avait fini par rencontrer Lester Cowley.

C'est lui qui lui avait raconté, avec tous les détails qu'on connaît aujourd'hui, le rapt et la séquestration de Jésus. Malgré l'extrême isolement dans lequel ce prisonnier surnaturel était maintenu, Choutovskoï L'avait aperçu une fois, et reconnu, mais sans réussir à L'approcher. Depuis lors, il avait juré de survivre et de s'échapper pour pouvoir transmettre à l'univers, un jour, l'extraordinaire nouvelle.

Mais cette révélation étourdissante, effarante, comment Cowley pouvait-il la révéler à son tour au monde, un monde gouverné justement par ceux-là mêmes qui emprisonnaient les prophètes dans ce qu'ils osaient appeler des asiles psychiatriques ! N'était-ce pas dans un établissement de ce genre que Choutovskoï était mort, récemment, après des mois d'une ignoble réclusion ?

Heureusement, les veilleurs de l'Ordre — qu'on n'appelle pas pour rien l'Ordre Caché — sont partout. Le message de Lester Cowley avait été sauvé *in extremis* de la destruction, et je ne suis pas peu fier de déclarer aujourd'hui que l'homme qui a découvert la révélation de Cowley n'est autre que… moi-même.

Je venais de trouver un emploi dans une société d'édition, en Californie, qui publiait des romans et des revues généralement consacrés à la science-fiction. Je me retrouvais dans un monde nouveau pour moi, que la lecture n'avait jamais attiré, à l'exception du Livre.

Mon rôle était de lire des manuscrits — nous en recevions d'énormes quantités chaque semaine — et de les évaluer en fonction d'une grille qu'on m'avait remise. Ce travail était mal payé, mais il me permettait de rester chez moi et de ne passer au bureau qu'une fois par semaine, pour y remettre mes rapports et prendre une nouvelle ration de manuscrits.

Un jour, alors que j'attendais qu'on m'apporte ma dose de papier, une lettre était tombée du bureau de la secrétaire qui ouvrait le courrier. Je l'avais ramassée et, puisque cette aimable personne était allée me chercher un café, j'en avais commencé machinalement la lecture.

Ç'avait été comme un éblouissement, une vision hallucinante ! Comment une lettre pareille, contenant de telles révélations, avait-elle pu arriver ici ? Discrètement, j'avais glissé la lettre dans ma poche, avant le retour de la secrétaire.

Une fois chez moi, j'avais lu et relu cette lettre extraordinaire. Elle avait été écrite par Lester Cowley. Tout ce que je savais de Cowley, à ce moment-là, c'est qu'il avait publié dans cette maison une impressionnante quantité de livres, mais que ses manuscrits passaient directement chez le patron, qui les faisait publier, disait-on, sans même les lire. Les chiffres de vente de Cowley, il faut l'avouer, valaient mieux que n'importe quel rapport de lecture...

Ce que Lester Cowley disait dans sa lettre, cependant, n'avait rien à voir avec la littérature. Il y racontait à mon patron comment il avait rencontré ce fameux Choutovskoï après son incroyable odyssée, et comment celui-ci lui avait révélé que Jésus, depuis Son retour sur la Terre en 1908, était prisonnier en Sibérie.

Cowley certifiait que cette histoire n'appartenait pas, malgré l'étrangeté des faits rapportés — malgré leur invraisemblance, même ! —, à la fiction.

Puis il expliquait que si Choutovskoï l'avait choisi, lui, humble gribouilleur de romans, comme destinataire de cette prodigieuse confession, c'était parce qu'il savait très bien que la presse refuserait de la publier alors que lui, Cowley, fort de son énorme public, constituerait le meilleur moyen de faire éclater la vérité à la face du monde.

Mais un document d'une telle importance pouvait-il être livré ainsi à un marchand de papier imprimé, sans savoir ce qu'il allait en faire, le détruire, peut-être ?

La chance, heureusement, avait voulu que je me trouve là. C'était un signe, bien sûr ! Le seul dépositaire légitime de ce secret qui pouvait bouleverser le monde était l'Ordre qui, depuis des années, voire des siècles, attendait dans l'ombre le retour du Messie.

Et voilà qu'on apprenait qu'Il était revenu, qu'Il était là, qu'Il nous attendait, Lui, autant que nous L'attendions ! Le dimanche suivant, je m'étais donc rendu chez Mossleigh, lui apportant le précieux manuscrit.

Mossleigh était le représentant de l'Ordre dans le nord de la Californie. Grand propriétaire terrien, profondément croyant, Mossleigh supportait financièrement son église et plusieurs autres associations, dont l'Ordre, vers lequel il drainait des fonds importants provenant de l'industrie ou des ranchs de la région.

Les relations de Mossleigh s'étendaient aussi au monde politique, où son influence était grande, et même à Hollywood. J'étais dans l'Ordre, il est vrai, une sorte de canard boiteux, n'ayant pas de fortune personnelle, mais une thèse sur la Rédemption par le travail, que j'avais publiée à l'université, m'avait valu d'être remarqué par le doyen, qui m'avait plus tard recommandé à l'organisation.

Mossleigh, donc, même s'il était un peu distant à mon endroit, respectait mes compétences. Il avait reçu le manuscrit silencieusement, tout en me recommandant la plus grande discrétion.

Plus tard, il m'avait rappelé pour m'informer que les hauts gradés de l'Ordre avaient pris très au sérieux les révélations de Leonid Choutovskoï, et qu'un plan d'action était à l'étude.

Pour ma part, j'avais écrit à Cowley pour lui dire toute mon admiration et l'assurer de mon inconditionnel soutien dans sa croisade. Je lui laissais entendre, sans toutefois lui donner tous les détails, que l'affaire était en de bonnes mains et que bientôt le Sauveur du monde serait de nouveau parmi nous.

Cependant, les ténors du pouvoir, presque tous des démocrates à l'époque, ne semblaient pas très réceptifs aux propositions de l'Ordre. Signe indubitable, selon Mossleigh, de leur absence de tout sens moral et, qui sait, de leur complicité ! Curieusement, toutes les portes se fermaient devant nous.

Les voies de la diplomatie officielle étant bloquées, il avait donc été décidé de ne pas se fier aux politiques, ni même à l'armée, et de préparer nous-mêmes, dans le plus grand secret, une opération de commando qui aurait pour but de ramener le Christ aux États-Unis.

J'avais applaudi à une telle initiative. Enfin, nous, les soldats de Dieu, allions pouvoir nous réveiller et accélérer l'avènement de Son royaume !

La suite était allée très vite. Quelques semaines plus tard, un ami de Mossleigh avait mis à notre disposition une immense propriété dans le Montana, qu'il avait utilisée autrefois pour entraîner des jeunes gens dégoûtés de l'armée officielle, avilie par les politiciens.

Mossleigh avait chargé une brute épaisse mais dévouée, un nommé Magrath, bien introduit dans le milieu des milices, de former un bataillon capable de mener à bien une pareille opération.

Il va de soi que ces mercenaires n'étaient pas dans le secret. Il ne s'agissait que d'utiliser leurs compétences militaires ; d'ailleurs, leur férocité étant proportionnelle à leur inintelligence, et celle-ci à leur capacité à obéir aveuglément, tenter de les éclairer sur nos buts véritables aurait été peine perdue.

Une fois dans le camp, il n'était évidemment plus question d'en sortir. C'est Mossleigh lui-même qui en avait pris la direction. J'avais eu beaucoup de mal à m'y faire accepter, car les dirigeants de l'Ordre insistaient pour que personne, dans le commando, ne soupçonne l'identité de Celui que nous allions chercher.

Et puis, brusquement, Mossleigh avait cédé et j'avais immédiatement rejoint le Montana.

Dans le camp, les choses avaient été assez difficiles pour moi. Nos soldats étaient dirigés et entraînés par un nommé Priddis, un primate de la pire espèce, programmé pour recevoir des coups et pour en donner. L'homme de troupe idéal… Priddis, à qui on n'avait bien entendu pas expliqué qui j'étais, m'avait pris en grippe et s'acharnait particulièrement sur moi.

Il me trouvait incompétent, bien sûr, et ne perdait aucune occasion de me molester et, surtout, de m'humilier. J'acceptais ces vexations avec humilité, essayant de retrouver dans cette position la simplicité des martyrs d'autrefois.

Je ne demandais pas à Mossleigh de prendre ma défense ou de procurer un adoucissement à ma situation, au contraire. Plus mon corps était bafoué, plus mon âme s'élevait. Mossleigh, d'ailleurs, semblait l'avoir compris. Il feignait de m'ignorer et ne m'adressait jamais la parole.

Parfois, le soir, quand je n'étais pas trop brisé par l'entraînement, j'essayais de sonder mes camarades, de voir si, sous la couche de brutalité sauvage qui semblait être leur seule enveloppe, il n'y avait pas cette étincelle de lumière qui aurait pu leur faire deviner la beauté de l'action pour laquelle ils se préparaient.

J'entrevoyais alors ce qu'avaient souffert les premiers chrétiens. Plus que les brimades perpétuelles de Priddis, c'étaient les rires et les moqueries de ces hommes qui me faisaient mal. Était-ce vraiment une bonne idée de les laisser à leur ignorance ?

J'avais essayé d'en parler à Mossleigh, mais celui-ci avait refusé de me recevoir et, presque aussitôt, Priddis m'avait accablé de nouvelles corvées et de brimades qui ne me laissaient plus une seule seconde de libre.

C'est à ce moment-là que j'avais commencé à m'interroger sur la fiabilité de Mossleigh. Pourquoi, lui aussi, semblait-il maintenant vouloir s'acharner sur moi ? Était-ce pour une raison personnelle, ou des ordres lui étaient-ils venus de plus haut à mon sujet ?

Un jour, profitant d'un bref répit, j'avais réussi à approcher Mossleigh alors qu'il sortait de son bungalow et que ses gardes ne l'encadraient pas comme une tranche de jambon dans un demi-pain.

Mossleigh avait sursauté à mon apparition, et réprimé une sorte de haut-le-cœur, comme s'il venait de mettre le pied dans une flaque de boue. Ne voulant pas, sans doute, qu'on me voie en sa présence, il m'avait vivement fait entrer dans son bureau.

— Coutts ! s'était-il exclamé. Vous êtes fou ! Comment osez-vous ? Vous rendez-vous compte que vous brisez toutes nos conventions ? Votre attitude est inqualifiable. Si vous n'êtes pas capable de tenir votre langue, nous serons obligés de vous faire taire !

Je n'avais pas eu le temps de m'expliquer. Aussitôt son petit discours terminé, il m'avait mis dehors en claquant la porte violemment dans mon dos.

Alors j'avais compris. Me faire taire ! C'est là qu'ils voulaient en venir. Dès le lendemain, je partais dans la montagne avec un groupe, pour une marche forcée de plusieurs jours, dans les conditions les plus épouvantables.

Il n'y avait avec moi que le meilleur — au sens militaire du mot — de nos recrues. Des fauves, des monstres, des assassins capables de tuer avec les dents, de s'amputer d'un bras eux-mêmes avec leur couteau s'il fallait s'arracher à un piège, d'éventrer leur mère sans un remords.

Pourquoi m'avait-on collé avec eux alors que tout le monde savait, Mossleigh le premier, que j'étais loin d'avoir leur force, leur sauvagerie, et que j'avais peu de chances de m'en sortir ? Voulait-on me donner une leçon ?

Il me semblait bien plutôt, cette fois, qu'on cherchait purement et simplement à me supprimer. Me faire taire, taire à tout jamais !

Alors j'avais pensé à ce pauvre Choutovskoï, vieux déjà, épuisé par une vie passée dans les goulags, et qui avait malgré tout trouvé la force de survivre dans les pires conditions et de traverser un continent dans le froid, la douleur, pour délivrer son message. Choutovskoï l'avait fait, je le ferais aussi !

Et, effectivement, j'avais survécu à ce cauchemar. J'étais revenu brisé de cette épreuve mais vivant. Plus vivant que jamais, même, puisque je me sentais maintenant invincible.

Au retour dans le camp, j'avais rencontré un nouveau qui me semblait moins obtus que les autres, et j'étais allé le voir. Je me sentais porté par un immense espoir, comme un de ces prédicateurs d'autrefois. L'homme m'avait écouté.

Le lendemain, Mossleigh me faisait venir à son bureau.

— Coutts, vous avez passé les bornes, m'avait-il dit. Notre succès dépend de notre discrétion, et vous êtes pire qu'un journaliste. Le secret qui nous protège est rompu. Je viens d'apprendre la disparition de Lester Cowley. Son appartement a été ravagé, et on y a trouvé du sang et des documents prouvant qu'il avait reçu des menaces de mort. Malheureusement, on n'a pas retrouvé son cadavre. Envolé ! Volatilisé ! La malédiction est sur nous ! Et ce n'est pas tout. Des fouineurs rôdent par ici et nous cherchent. Ici même, peut-être, dans ce camp ! Nous les avons repérés. Tous devront périr, vous le savez. Un par un, jusqu'au dernier ! Et il y a pire encore. Savez-vous qui est arrivé à Helena ? Cranford. Comprenez-vous enfin, Coutts ? Lewis Cranford en personne !

J'étais atterré. Cowley avait été éliminé ! Et Cranford, maintenant, qui avait remonté notre piste ! Cette ordure, ce traître qui se faisait passer pour un défenseur de l'Amérique, mais qui n'était qu'un vulgaire espion à la solde des Russes !

Souvent, à l'Ordre, on m'avait mis en garde contre ces chiens qui infestent jusqu'aux plus hautes sphères du pays, agents doubles, triples, manipulateurs, calculateurs, prêts à vendre leur pays pour moins de trente deniers...

Cranford était de ceux-là. Soi-disant membre de la C.I.A., en réalité responsable de l'infiltration de cette institution par les Russes. Son apparition signifiait qu'on nous avait trahis. Mossleigh, manifestement, pensait que c'était de ma faute. Qu'allait-il se passer maintenant ? Le millénaire allait-il s'achever sur la victoire définitive des ténèbres ?

Mon rôle s'achevait ici, je le pressentais. Mossleigh me tenait pour responsable de ce qui était arrivé et il allait me le faire payer. Qui sait si lui-même n'était pas corrompu, au fond ? Et si c'était lui qui avait fait venir Cranford ? Cela expliquerait pourquoi il essayait à tout prix de me faire disparaître.

Il avait tenté de m'achever en me livrant à Priddis, mais il allait sans doute me faire assassiner pour de bon dans les plus brefs délais. *Nous serons obligés de vous faire taire !* Telles avaient été ses propres paroles. Oui, il voulait me museler à jamais !

J'allais suivre Choutovskoï et Lester Cowley dans le chemin de l'ombre, de l'oubli. Je devais éviter ça, transmettre le message…

Toute la nuit, j'ai donc rédigé en cachette ce bref mémoire. Dans la journée, comme je suis de corvée, je n'aurai aucun mal à le dissimuler sous le matelas de ce nouveau dont j'ai fait la connaissance, et qui est mon seul espoir.

Ce soir, je l'avertirai. Et puis je me coucherai pour attendre mon bourreau…

6

LESTER COWLEY

Calgary, 22 septembre.

Je ne sais plus où aller, plus où me cacher. J'ai dû fuir ma maison, fuir la Californie, me sauver comme un rat. Écrire encore ? On voit où ça mène…

Depuis des années, pourtant, j'écrivais sans que ça porte à conséquence. Des livres et des livres, ça en devenait fatigant. Je ne savais plus quoi inventer. Les petits hommes verts, les hommes en noir, les trafiquants de cerveaux, les chasseurs de rêves… Je m'épuisais !

Et pourtant, on me pressait de continuer. Ma maison d'édition, April Fool's Press, m'en demandait toujours plus.

— Tes lecteurs attendent, Lester. Qu'est-ce que tu fabriques ? Mets-toi au boulot…

Je le connaissais par cœur, ce refrain. Mais ce type d'écriture ne m'intéressait plus. Si au moins j'avais pu changer de genre ! Ce que j'aurais aimé, moi, c'est faire de la littérature, de la vraie, inventer un style, laisser un nom... Mais non. Chaque essai s'était soldé par un échec. Dès que je sortais des limites du genre, Raymond me renvoyait mon manuscrit en m'engueulant :

— Qu'est-ce que c'est que ce charabia, Lester ? Tu te fiches de moi ? Tu te fiches du monde ? Oublie ce genre de chose, mon vieux. Pour qui est-ce que tu te prends ? Tu veux rire ! Lester Cowley, c'est le gars des héros supersoniques, des espions haute technologie et des conspirations diaboliques. Laisse tomber tes effets de style, mon garçon, personne ne te prendrait au sérieux...

J'étais donc prisonnier de ce genre de romans infects qui me sortaient par les yeux, je devais continuer à écrire, inlassablement, d'invraisemblables histoires d'invasions extraterrestres, de génies du mal mégalomanes ou de vils complots contre l'Amérique éternelle...

La littérature ? Personne ne me prendrait au sérieux, avait dit Raymond. Il avait raison, dans le fond. Mon nom était associé, dans l'esprit du public, à ces bouquins bon marché, imprimés sur du papier de mauvaise qualité, destinés à meubler les trajets en métro ou en autobus, les attentes dans les gares ou les aéroports, pour finir enfin dans la première poubelle venue.

Je devais me rendre à l'évidence : je ne serais jamais Faulkner…

Il me fallait donc trouver une nouvelle intrigue rapidement, en tartiner deux ou trois cents pages en quatre ou cinq semaines, et envoyer le tout à Raymond.

J'avais alors eu une idée — pas neuve, mais enfin, on fait ce qu'on peut ! Pourquoi ne pas reprendre ce vieux truc d'Orson Welles, qui avait fait fureur en 1938 ?

Welles avait réalisé pour la radio une adaptation de La guerre des mondes, *de H. G. Wells, dont la diffusion avait semé la panique en Amérique. De nombreuses personnes avaient cru alors qu'il s'agissait d'un reportage réel sur une invasion extra-terrestre, et non pas d'une pure fiction. L'émission avait déclenché une vague de terreur, jeté des familles entières sur les routes et même provoqué quelques suicides.*

La station de radio, débordée par l'ampleur de la catastrophe, avait eu beau diffuser des messages rassurants, rien n'y faisait : les auditeurs, obnubilés par l'arrivée des

Martiens, qu'ils étaient persuadés d'avoir entendus, pensaient que ces soi-disant appels au calme n'étaient que des mensonges de la police pour leur cacher une réalité atroce.

C'est cet aspect des choses qui m'intéressait le plus. Qu'un canular puisse passer pour une véritable information, pourquoi pas, après tout. On voit tellement de choses bizarres, la réalité est souvent moins vraisemblable que la fiction.

Mais le plus extraordinaire, quand la supercherie est enfin dévoilée, que ses auteurs mêmes ont fait une confession publique, que la vérité ne fait plus aucun doute, c'est que les plus enragés des naïfs qui ont pris la plaisanterie pour une vérité ne veulent plus en démordre !

Refusant d'admettre l'évidence, ils sont persuadés au contraire que les preuves de la mystification qu'on leur met sous le nez ne sont que des faux, forgés de toutes pièces par les autorités pour leur masquer une vérité qu'ils ne doivent pas savoir.

Ainsi, les mythes les plus invraisemblables sont aussi ceux qui ont la vie la plus dure. Plus on démontre leur caractère entièrement fictif, plus on leur apporte de témoignages et de pièces à conviction, plus les adorateurs du mythe se croient les victimes d'un complot visant à les faire taire.

Je n'ambitionnais pas le succès d'Orson Welles, bien entendu, mais j'avais envie de m'amuser. D'abord, j'enverrais à Raymond un synopsis de mon projet, sans lui en dévoiler la finalité. Puis, selon sa réaction, selon son degré de crédulité, je verrais à pousser plus loin.

Si je voulais faire les choses sérieusement — ce qui est la condition de réussite de toute farce —, il fallait, en premier lieu, ancrer mon canular dans une réalité géographique et historique précise, afin de lui donner une assise solide.

Le lieu choisi devait être émotionnellement chargé et correspondre, si possible, à une peur classique et tenace dans la population américaine moyenne, qui constituait le fond de mon lectorat.

Ensuite, ce lieu devait avoir été le théâtre, dans l'histoire réelle du XXe siècle, d'un événement frappant et plus ou moins inexpliqué. Enfin, autant que possible, il fallait y intégrer la religion, tout au moins ce que la religion peut présenter de spectaculaire et de fantastique, les Américains étant particulièrement friands du genre apocalyptique.

J'avais donc commencé à passer en revue quelques sujets prometteurs. Le retour des cavaliers de l'Apocalypse, la mise au jour de l'Arche de Noé, la découverte du jardin d'Éden… L'ennui, c'est qu'il ne se passait pas une semaine sans que les journaux spécialisés n'annoncent quelque chose de ce genre. Et puis, dans le fond, tout ça ne faisait pas assez peur. Ça manquait un peu de catastrophe…

Finalement, c'est en regardant à la télé une rétrospective sur l'aventure du XXe *siècle que l'idée m'était venue. Ce siècle agonisant, tout le monde — à part les investisseurs de Wall Street — s'accordait à le trouver marqué par l'emprise du mal.*

L'Holocauste, les guerres mondiales, le péril nucléaire, la disparition des libertés individuelles, le recul de la foi — la nôtre, en tout cas, parce que d'autres religions ne manquaient pas de vitalité ! —, tout cela attestait que ce siècle avait été le plus profondément diabolique de l'histoire de l'humanité.

Et pourquoi donc ? me disais-je. Dieu nous avait-il abandonnés ? Avait-il du moins abandonné l'Amérique ?

Non, impossible ! Quelque chose de grave avait dû se produire, un épouvantable malheur, une tragédie atroce qui avait empêché le retour du Messie. Quand ? À cette date particulièrement fatidique, bien sûr : l'an 2000, au chiffre rond et à la morale en déroute…

Que s'était-il donc passé ? Jésus avait-il manqué à sa parole ? Impossible, là encore. Il n'y avait donc qu'une solution. Le Christ était bien revenu sur Terre, comme il l'avait promis. C'était irréfutable. Mais, s'il ne s'était pas encore présenté à nous, ses fidèles, tout auréolé de gloire, c'est parce qu'on l'en avait empêché. Parce qu'on l'avait kidnappé !

Quel sujet en or ! Jésus kidnappé, prisonnier des forces du mal, impuissant dans sa prison d'incroyance, tandis que le monde désespéré s'enfonçait dans l'impudicité et l'impiété !

Il ne me restait plus qu'à découvrir où, et par qui, il était maintenu prisonnier. Facile. Les coupables étaient tout désignés : les Russes, ennemis de longue date, particulièrement détestés dans l'Amérique profonde. L'empire soviétique n'existait plus ? Mais si, bien sûr. Il n'avait fait que changer de nom, c'est tout. Les têtes étaient restées les mêmes…

Quant au lieu, un rapide survol des événements insolites qui avaient marqué l'histoire de la Russie m'avait suffi pour le déterminer. Un endroit rêvé, inaccessible, marqué par la foudre et la colère déchaînée des cieux : les bords de la rivière Tunguska, en Sibérie.

Le 30 juin 1908, une comète ou une énorme météorite y avait explosé en plein vol, à environ 8 kilomètres du sol, libérant une énergie de quelques 50 mégatonnes et dévastant plus de soixante millions d'arbres sur une zone de deux mille kilomètres carrés !

Simple impact d'un corps céleste, semblable à celui qui avait causé la disparition des dinosaures il y a soixante-trois millions d'années ? Peut-être, mais un détail gênait vraiment les spécialistes. Un détail de taille ! Aucun fragment de l'astéroïde supposé n'avait jamais été retrouvé dans la région !

Je tenais mon scoop ! Je n'avais plus qu'à inventer un certain Leonid Choutovskoï — un nom tout à fait parlant ! — qui, après s'être évadé d'un hypothétique goulag où il avait rencontré le céleste prisonnier, était enfin arrivé à moi, après un périple rocambolesque, pour me confier son aventure et ses terribles révélations.

Aussitôt dit, aussitôt fait. J'avais rédigé ce stupéfiant mémoire, indiquant les lieux, les dates, expliquant le pourquoi et le comment, allant jusqu'à décrire Choutovskoï avec un luxe de détails insignifiants — ce sont ces détails qui comptent le plus, dans ce genre d'histoire —, comme si j'avais déjeuné avec lui hier encore.

Curieusement, Raymond n'avait jamais répondu à mon envoi. Avait-il été vexé de ce que je lui envoie une farce aussi monumentale ?

En revanche, quelques jours plus tard, j'avais reçu une lettre absolument délirante à propos de mon histoire. Elle venait, semblait-il, d'un fou intégral, un nommé Coutts qui, lui, avait apparemment lu et compris mon histoire au premier degré.

Selon Coutts, mes révélations allaient secouer le monde comme aucun événement ne l'avait fait auparavant, elles sonnaient le glas de ce vieux monde dévoré par le péché, confit dans son incroyance, pourri par ses vices innombrables.

Jusque-là, tout allait bien. Cela signifiait, dans le fond, que mon petit bricolage avait réussi : un imbécile au moins s'y était laissé prendre. D'autres allaient suivre, j'allais vraiment m'amuser.

Mais, plus loin, Coutts m'informait aussi que notre affaire — ainsi qu'il l'appelait —

était en de bonnes mains. Que voulait-il dire ? C'est là que mon scénario commençait à déraper. Mon projet devait prendre la forme d'un livre publié par April Fool's Press. De quelles « mains » parlait Coutts ?

J'avais vaguement attendu un appel de Raymond. Son silence, autant que le bavardage incohérent de Coutts, m'étonnait. Cependant, je n'avais pas envie de l'appeler. Raymond publiait mes bouquins, d'accord, mais nos rapports en restaient là, pour une raison que je dois bien avouer : sa prédilection pour mes romans dénotait un mauvais goût que je ne pouvais pas lui pardonner !

Quelques jours plus tard, j'avais reçu une étrange invitation. Un richissime entrepreneur de l'Arizona, un nommé Warner qui disait admirer beaucoup mon œuvre, m'avait convié à une fête dans une somptueuse villa qu'il possédait du côté de Hollywood.

Peu de temps après la réception de la carte d'invitation, le secrétaire particulier de Warner m'avait appelé pour s'assurer de ma présence. Il semblait craindre que je ne veuille pas venir.

— Nous tenons beaucoup à votre présence, monsieur Cowley. Il n'y aura là que des gens de la société la plus distinguée. Vous

n'avez à vous occuper de rien, nous prendrons en charge votre voyage ainsi que votre séjour ici.

Et puis, sans me laisser le temps de réfléchir, il m'avait indiqué que mes billets d'avion étaient déjà partis par courrier spécial, qu'une limousine m'attendrait à l'aéroport et que je serais reçu comme il se doit.

Les mondanités m'ennuient, d'habitude. Mais que pouvais-je faire ? Tout était déjà organisé. Je me disais que, au moins, j'allais bien manger pour quelques jours et, finalement, par veulerie plus que pour une autre raison, j'avais accepté.

Effectivement, l'accueil avait été à la hauteur. Une limousine grande comme un bateau, chauffeur en costume et galonné comme un général aux fêtes du premier juillet... Je faisais un peu désordre, dans cette rutilance !

La suite, dans la villa de Warner, m'avait paru une sorte de conte de fées un peu étrange et malsain. Peu d'acteurs ou de gens du cinéma, comme je l'avais pensé, mais que du beau monde.

On m'avait assez vite emmené à l'écart, dans un salon immense et lumineux.

Monsieur Warner lui-même était venu m'y rejoindre. Âgé mais bien conservé, Warner était un grand type aux cheveux blancs, à la peau rose et aux yeux bleus.

Entièrement vêtu de blanc, il avait l'air, à mon avis, d'un domestique de grande maison plutôt que du maître lui-même. Manque d'éducation, probablement, qui lui faisait croire, lui sorti de son désert, que le comble du raffinement devait être de s'habiller comme un majordome.

Warner, à voix basse, tandis que son secrétaire — ou garde du corps ? — se tenait près de la porte, m'avait longuement entretenu de mon histoire de Christ séquestré en Sibérie. Son discours n'était pas très clair. Voulait-il en faire un projet pour le cinéma, me présenter à un producteur, à un scénariste ?

Non, pourtant. Tout comme Coutts, l'illuminé qui m'avait écrit, Warner avait l'air de prendre mon invraisemblable scénario pour une réalité de la plus haute importance. J'avais du mal à le suivre. Il me parlait de secret dangereux, de forces du mal, de la corruption des hommes politiques et de la décadence de la société américaine.

Puis il m'avait raccompagné dans le salon de réception, où des pantins dans le même genre m'avaient fait des sourires gênés et douloureux.

De retour chez moi, le lendemain, je n'étais pas plus avancé. Je n'étais pas bien sûr de ne pas avoir rêvé. Cette villa luxueuse, ces vieux types habillés de blanc, ces voix feutrées, tout cela me faisait l'effet d'un monde irréel, fantasque. Je commençais à me demander quel genre de zombis j'avais bien pu réveiller avec mon histoire... Devais-je avoir peur ?

Cependant, j'avais presque oublié cette parenthèse brumeuse dans mon existence quand une autre visite m'avait alarmé, d'une façon beaucoup plus tangible.

Un journaliste m'avait appelé pour me donner rendez-vous, dans un café. Il souhaitait discuter avec moi pour le compte d'un journal de l'Est. Ça m'avait paru un peu bizarre qu'il ne soit pas passé par Raymond pour me contacter, mais, après tout, il y a des fouineurs partout et celui-ci avait peut-être jugé inutile d'utiliser les services d'un intermédiaire.

Je m'étais donc pointé au rendez-vous et là, j'avais eu quelques doutes. Le journaliste en question avait l'air de tout sauf d'un gratte-papier qui fait des piges. De plus, très vite, je m'étais rendu compte que la littérature était le cadet de ses soucis. En fait, ce que ce type voulait, c'était en savoir plus sur Choutovskoï !

Je commençais à en avoir assez de cette histoire. J'avais lancé mon canular pour m'amuser un peu, pas pour voir une armée de cinglés habillés en blanc — ou en noir, comme celui-ci — me harceler sans fin à propos de mes inventions.

Je m'étais donc légèrement énervé, avouant que Choutovskoï n'existait pas, que je ne l'avais jamais vu et que j'aimerais bien qu'on me fiche la paix maintenant. Le type n'avait rien laissé paraître de ce qu'il pensait de mon attitude, mais il m'avait regardé longuement, d'un air qui m'avait mis mal à l'aise, avant de disparaître.

Le lendemain même, je recevais un coup de fil de Raymond. Son excessive nervosité était perceptible au téléphone, ce qui était tout à fait inhabituel, vu le caractère je-m'en-foutiste du personnage.

— Qu'est-ce que c'est que tout ce foin, Lester ? avait-il hurlé. Je n'ai plus une minute à moi, tout un tas de fous plus ou moins agressifs n'arrêtent pas de défiler ici en me demandant où tu te trouves, ce que tu

fais, ce que tu penses, d'où tu viens, je ne sais quoi encore... Qu'est-ce que tu as fait, nom d'un chien ?

— Calme-toi, Raymond. Je n'ai rien fait, rien qui ne soit habituel pour un écrivain. Je t'ai envoyé un manuscrit, le synopsis de mon prochain roman, et apparemment tu vis entouré de gens qui prennent mes élucubrations pour des réalités. Je n'y peux rien...

— Quel manuscrit ? avait-il répondu après un léger silence. Je n'ai rien reçu de toi récemment, et ça n'est pas pour me plaire, d'ailleurs. Si tu as jugé bon d'aller à la concurrence, je vais te...

Je l'avais arrêté net. Je n'étais pas disposé à l'écouter se lamenter pendant des heures. Qu'avait-il fait de mon manuscrit, c'est tout ce qui m'intéressait. Sur ce point, cependant, il n'en démordait pas. Il n'avait rien reçu. Mais alors, que lui était-il arrivé ? Et d'où sortaient ce Coutts, ce Warner et son costume de Pierrot, et cet autre encore, au costume noir, qui était venu me relancer chez moi ?

À partir de ce moment, les choses avaient paru s'emballer, déraper complètement, comme si une brèche avait été ouverte dans un autre monde. Un monde fou, complètement inventé, et cependant bien réel.

Quelques jours plus tard, deux types m'avaient coincé dans la rue et embarqué de force dans leur voiture. J'avais cru, sur le moment, à des gangsters. Toutefois, les kidnappeurs m'ayant emmené dans une espèce d'usine désaffectée, je m'étais très vite rendu compte qu'ils n'étaient pas intéressés par mon portefeuille.

Eux aussi, ils voulaient savoir où se trouvait Leonid Choutovskoï ! Mais bon sang, que pouvais-je faire pour les convaincre ? Je ne pouvais tout de même pas leur demander, là, sur-le-champ, de m'ouvrir le crâne, en dehors duquel ce pauvre Choutovskoï n'avait jamais existé…

Ces deux bonshommes, dont l'un avait un accent russe prononcé, n'avaient pas l'air disposés à me croire.

– Ne faites pas l'imbécile, avait dit celui qui parlait parfaitement anglais. Nous savons que vous avez eu des contacts avec Lewis Cranford, et que vous vous êtes rencontrés dans un café. Cette affaire est très grave. Elle pourrait avoir des conséquences incalculables sur les relations entre nos deux grands pays, et il n'est pas certain, monsieur Cowley, que le vôtre en sortirait indemne.

Et, comme je feignais de ne rien comprendre, il avait ajouté :

— L'Ordre Caché n'est pas si caché que ça, Cowley, et vous auriez tort de croire qu'il vous protège. Warner serait le premier à vous éliminer si besoin en était. Vous feriez mieux de prendre vos distances. En tout cas, si jamais vous changiez d'avis et que vous vous sentiez prêt à collaborer avec nous, n'hésitez pas à m'appeler.

Sur ce, le type m'avait murmuré un numéro de téléphone en me demandant de ne l'écrire nulle part, puis il avait disparu, avec son acolyte et sa voiture, en me laissant l'immense plaisir de rentrer chez moi à pied, après avoir arpenté des kilomètres de terrains vagues et de zones industrielles en ruine, où la nuit m'avait surpris.

De retour à mon appartement, une autre surprise m'attendait. Ma porte n'était pas fermée à clé. Avais-je oublié de la verrouiller en partant, ou quelqu'un était-il entré chez moi ? Je penchais vers cette deuxième solution, bien évidemment. Pendant que les deux Russes m'avaient entraîné à l'extérieur, des complices avaient dû passer mon appartement au peigne fin.

Furieux, j'étais donc entré brusquement, sans me méfier. Mais à peine avais-je allumé qu'une voix froide me faisait sursauter :

— Vous rentrez bien tard, Cowley. Et vous étiez en bien mauvaise compagnie. Un bon citoyen américain ne devrait pas passer ses soirées avec un individu aussi peu recommandable que monsieur Standoff.

Le type en noir qui me parlait ainsi, assis dans mon propre fauteuil, était celui qui m'avait donné rendez-vous dans un café quelques jours auparavant. S'agissait-il de ce fameux Cranford, dont le Russe m'avait parlé ?

— Qui êtes-vous ? avais-je demandé avec irritation.

— Je représente les plus hauts intérêts de ce pays, monsieur Cowley, et c'est moi qui pose les questions. Vous avez lancé une énorme machinerie politique qui, manifestement, vous dépasse complètement. J'ai mis un certain temps à le comprendre. Vous éliminer — je vous avouerai que j'y ai pensé, au début — ne servirait plus à rien maintenant. C'est mon opinion, en tout cas, mais elle n'est pas partagée par tout le monde.

— Voulez-vous dire que je suis en danger ?

— Le monde entier est en danger, Cowley, par votre faute. On ne doit pas jouer sa tête avec le diable, vous a-t-on déjà expliqué ça ? Vous n'êtes pas de taille, et c'est lui maintenant qui mène la danse. Autant vous prévenir tout de suite : les services d'espionnage et de contre-espionnage de plusieurs pays sont sur les dents, ainsi que des organisations secrètes, des groupes terroristes, et j'en passe. Vous êtes mal parti, Cowley. Un de ces jours, on va vous retrouver au Montana, et dans un état peu enviable...

Et puis, comme s'il n'était venu me parler en voisin que de ma santé, Cranford s'était levé et avait disparu.

Sa dernière remarque, sur le Montana, était restée une énigme jusqu'à ce que j'entende parler, quelques jours plus tard, à la télévision, de l'affaire du Boucher du Montana.

Cette fois, je ne pouvais pas dire que je n'avais pas été averti. À plusieurs reprises, j'avais vu des individus plus que louches rôder sous ma fenêtre. J'étais surveillé, c'était évident. Menacé ? Oui, certainement. Mais par qui ? Et pourquoi ?

Tout ça m'échappait complètement, mais je savais qu'il ne me restait plus qu'une seule chose à faire : disparaître. Et, avant tout, je devais décourager les suiveurs. D'après ce que m'avait laissé entendre Cranford, les gens qui me surveillaient — qui me persécutaient ! — étaient des professionnels. Où que j'aille, ils me retrouveraient. Ma disparition devait donc être… totale !

Ma décision était prise. Je devais mourir ! C'était la seule façon d'échapper définitivement à ces chacals…

La nuit même, après avoir ramassé quelques effets et papiers auxquels je tenais dans une petite valise, j'avais saccagé mon appartement, brisé les meubles, défoncé les tiroirs, déchiré mes draps.

J'avais également coincé, sous le cadre d'une chaise, une lettre anonyme m'annonçant, dans les termes les plus effrayants, que j'allais me faire liquider incessamment. Pour finir, je m'étais légèrement ouvert le bras avec un rasoir, assez pour répandre un peu de sang sur mon lit dévasté et sur les tapis. Enfin, j'avais brisé ma porte et disparu dans la nuit.

Mon trajet, pendant une semaine, a été compliqué à souhait. Trains, avions et autobus m'ont fait parcourir les États-Unis dans tous les sens. Au bout du compte, je suis passé au Canada, grâce à un faux passeport acheté à New York, et je suis allé m'installer à Calgary, où j'avais déjà vécu.

C'est là que je me cache depuis ce temps, sous un nom que je change régulièrement. J'essaie de semer des traces, pourtant, de laisser des indices. Je me dis que l'oubli total serait pire que la mort.

Je ne fais que survivre. Pour combien de temps ? Je ne sais pas. Ils sont tenaces…

7

LEWIS CRANFORD

J'en ai mon voyage, de leurs contes à mourir debout ! Tout ça à cause d'un pauvre type qui ne savait plus quoi inventer, un écrivain minable entre les minables.

Au début, je l'avoue, j'ai failli me laisser prendre au piège. Tout est venu, apparemment, de cette bande de cinglés et de leur société secrète de mirlitons : *The Hidden Order for the Adoration of Xenon*. Tout un programme !

Ces illuminés ne nous avaient jamais paru bien dangereux. Une de ces innombrables églises qui attendent la fin du monde et l'annoncent régulièrement tous les cinq ou dix ans. Le monde, bien sûr, survit à ces prophéties. Il en a vu d'autres ! Il ne s'en porte pas plus mal.

Cependant, par principe, ces organisations font l'objet d'une surveillance discrète. Tout d'abord parce que, même si leur fond de commerce repose sur la crédulité et la bêtise, leurs dirigeants ne sont pas si stupides qu'ils en ont l'air. Ce sont souvent des manipulateurs et des commerçants avisés, et il est toujours bon d'avoir un œil sur leurs activités.

Ils peuvent faire bouger l'opinion publique et, surtout, ils sont capables d'infiltrer toutes les sphères de la société. Ils valent donc une armée d'espions et de taupes à eux seuls. Et en sachant utiliser leurs compétences — sans le leur avouer —, nous avons là un excellent réseau d'indicateurs travaillant gratuitement.

Ils nous servent aussi à influencer Untel ou Untel et, s'ils sont en général persuadés de ne travailler que pour leur propre compte, ils forment en fait une formidable équipe de bénévoles dont le temps n'est pas compté, et qui ne coûtent pas un dollar.

Depuis le début, donc, *The Hidden Order for the Adoration of Xenon*, groupuscule millénariste comptant dans ses rangs quelques propriétaires des meilleures fortunes de l'Ouest, est infiltré par nos services.

L'Ordre, jusqu'ici, ne nous avait jamais causé le moindre ennui. Contrairement à d'autres organisations plus importantes au niveau mondial, celle-ci, fondée uniquement sur l'attente du Messie — adoré sous le nom parfaitement ridicule de Xenon ! —, ne ratissait qu'aux États-Unis. Et pour cause : le Sauveur, pour eux, ne devait sauver que l'Amérique, le reste du monde, inintéressant, pouvant être laissé aux domestiques de l'Enfer.

Et puis, un jour, nous apprenions l'excellente nouvelle. Le Messie, que nous attendions depuis deux mille ans, était bien revenu ! Bonne nouvelle ? Non. Pas du tout. Il était revenu, oui, mais il était tombé dans un piège. Arrivé par erreur en Sibérie à la veille de la Révolution russe, il avait été kidnappé par les Soviétiques !

Déjà, quelques membres parmi les plus influents de l'Ordre essayaient de sonder les hautes sphères du gouvernement pour savoir quel genre d'action envisageait l'armée des États-Unis pour venir à la rescousse de l'illustre prisonnier.

Enfin, quelque temps plus tard, Mossleigh — un de nos agents, membre de l'Ordre selon nos directives —, m'avait confirmé cette vague d'activité souterraine.

— Une bouffonnerie pareille, m'étais-je écrié en éclatant de rire à la face de Mossleigh, ça dépasse tout ce que j'aurais pu imaginer !

Mossleigh, cependant, ne riait pas du tout.

— C'est plus grave que vous ne le pensez, Cranford, m'avait-il dit de sa voix blanche d'ecclésiastique anglais. L'Ordre prend la chose très au sérieux. Face à l'incompréhension du pouvoir, il envisage d'organiser lui-même une action militaire.

— Il en a les moyens ?

— Les membres de l'Ordre sont des gens comme moi, Cranford, vous le savez. Propriétaires, industriels, gens d'affaires. Nous avons même quelques universitaires. Quoi qu'il en soit, beaucoup d'argent. Largement assez, en tout cas, pour organiser, entraîner et expédier en Sibérie, avec toute la discrétion qui s'impose, un petit contingent d'hommes prêts à tout. Tout cela en un temps record…

Mossleigh commençait à m'inquiéter. Mais comment arrêter ce mécanisme qui, s'il se réalisait vraiment, pouvait conduire à de sérieux problèmes avec la Russie, qui ne verrait pas d'un très bon œil l'irruption dans son territoire d'une bande d'illuminés armés jusqu'aux dents ?

D'autre part, il ne faut pas oublier que plus de la moitié des Américains croient aux anges, aux démons, et prennent la Bible pour un livre d'histoire. La croisade que l'Ordre était en train de monter pouvait attirer du monde. La presse se mettrait de la partie et nous nous retrouverions avec une situation parfaitement incontrôlable.

Dans un premier temps, à mon avis, il fallait retrouver qui était à l'origine de cette information farfelue. Mossleigh m'avait donné le nom de Coutts, un illuminé membre de l'Ordre. Un étudiant en théologie, sans aucune fortune, mais qui apportait à l'Ordre, en guise de sérieux, un peu de savoir universitaire.

Coutts, je le connaissais un peu. Un simple d'esprit, à mon avis. Peu dangereux, à première vue. Il tenait l'information d'un certain Cowley qui, à son tour, l'avait reçue d'un réfugié russe nommé Choutovskoï. La piste était simple, apparemment, et j'enquêterais personnellement.

Ensuite, il faudrait tuer dans l'œuf cette expédition en Sibérie et nettoyer les témoins. Le problème, avec les sectes et les églises de ce genre, c'est qu'on ne peut pas leur interdire de faire quelque chose. D'une part, cela leur fait de la publicité et leur donne de l'audience, d'autre part, cela les raffermit dans leur croyance et leur confère même une image de martyrs qui ne fait que les renforcer.

Il fallait jouer en douceur et, comme pour les ânes, non pas les contrarier mais au contraire les amener où je voulais, habilement, en leur laissant croire que c'étaient eux qui décidaient. Ce qui est précisément mon métier…

J'avais donc donné à Mossleigh les instructions suivantes : persuader les gros bonnets de l'Ordre que l'affaire devait être entourée du plus grand secret sous peine de faillite. Recenser tous ceux qui étaient au courant, donc, et les placer sous contrôle.

Et puis, convaincre Warner, le grand pontife, de le laisser, lui, Mossleigh, organiser toute l'opération au départ d'un des ranchs qu'il possédait dans le Montana. Mossleigh recruterait lui-même des combattants d'élite, c'est-à-dire tout en muscle et la tête vide, et il les enfermerait dans sa propriété, loin de tout regard indiscret.

Il y aurait bien moyen, plus tard, d'éliminer cette troupe de choc quelque part en Alaska, avant qu'elle n'ait le temps de passer le détroit de Béring et de pénétrer en territoire russe.

Mossleigh avait accepté avec réticence, ne se sentant pas l'âme d'un chef de guerre. Cependant, il n'avait pas mieux à proposer, et il avait soumis son plan à Warner, qui avait donné son accord.

Pour recruter ses soldats du Christ, Mossleigh avait fait appel à un nommé Magrath, à qui il avait loué autrefois son ranch pour organiser un camp de vacances un peu particulier pour ces riches qui deviennent fous à force de travailler trop. Magrath, bien sûr, n'était pas au courant de tous les détails.

Le seul problème qui tracassait vraiment Mossleigh, en fait, venait de Coutts. Coutts, en effet, savait tout de l'affaire, sauf en ce qui concernait la véritable personnalité de Mossleigh. De plus, c'était un incurable bavard. Coutts insistait pour s'enrôler, mais Mossleigh ne voulait pas de lui dans son camp.

— Il va tout me foutre en l'air, me disait-il. Ameuter les autres, leur dévoiler ce qu'il sait. Comment vais-je les tenir, après ?

Finalement, j'avais réussi à le convaincre que Coutts serait moins dangereux dans le camp, où il se retrouverait isolé. D'ailleurs, lui avais-je aussi laissé entendre, un accident est si vite arrivé, dans ces montagnes…

Mossleigh avait donc disparu dans le Montana avec sa clique d'abrutis, qu'il avait confiés aux bons soins de Priddis, une brute épaisse qui n'avait pas son pareil pour faire de n'importe quel primate une machine à tuer, obéissant aveuglément. Si Coutts survivait à ce régime, nous verrions à le supprimer.

Par ailleurs, pour vérifier que Mossleigh ne me doublait pas — après tout, il faisait partie de l'Ordre, il devait donc bien être cinglé, lui aussi ! —, j'avais pris mes précautions. J'avais appelé un ancien activiste d'extrême gauche, Coalhurst, à qui j'avais fait croire que je craignais les agissements d'un groupe paramilitaire préparant un coup de force, dans le plus grand secret, dans un ranch du Montana.

Je l'avais donc chargé, confidentiellement et en utilisant les moyens de son choix, d'infiltrer ce groupe et de me faire un rapport sur leurs agissements.

À partir de là, je maîtrisais la situation. Tout aurait donc dû marcher comme sur des roulettes. C'est à ce moment-là que des complications étaient survenues.

Standoff, qui avait travaillé pendant des années pour le K.G.B. et qui, maintenant, vendait simplement ses services et ses connaissances au plus offrant, m'avait appelé pour me demander ce qui se tramait dans le Montana. Il se fichait pas mal des lubies de mes concitoyens, disait-il, mais il tenait à ce que celles-ci ne dépassent pas nos frontières.

— Je ne sais pas ce que vous mijotez exactement, Cranford, mais je sais que vous préparez une opération militaire contre la Russie, et cette information, si elle venait à sortir de mon bureau, pourrait causer une catastrophe sans précédent.

Je savais qu'il était inutile de feindre l'innocence. Standoff n'était pas un débutant, je le connaissais depuis des dizaines d'années et, l'un comme l'autre, nous étions parfaitement au courant des petites et des grosses magouilles de nos camps respectifs.

Étant donné que les services secrets, de quelque pays qu'ils se réclament, ne sont que des passoires infiltrées jusqu'à la moelle et truffées de taupes et d'agents doubles et triples, il ne fallait pas se faire d'illusions. Fatalement, Standoff devait avoir eu vent de cette affaire par un de ses propres espions, ou par l'un des nôtres qu'il avait su acheter.

Je n'avais donc pas nié. Cependant, j'avais essayé de le convaincre que nous n'y étions pour rien, que cette rumeur d'expédition militaire n'était qu'un coup lancé dans le but de déstabiliser le gouvernement en vue des prochaines élections.

Standoff, manifestement, ne m'avait pas cru. Au contraire, selon toute évidence, il avait interprété ma réponse comme une tentative de masquer un projet de plus grande envergure.

Très vite, en effet, j'avais appris que Standoff avait chargé un groupuscule plus ou moins anarchiste, vivotant dans le Montana, d'en savoir plus. Il s'agissait du résidu d'un ancien parti d'inspiration trotskiste qui avait pratiquement disparu au lendemain de l'éclatement de l'empire soviétique.

Tout cela commençait à faire un peu trop de monde gravitant autour de notre affaire. Or, tout le succès de mon plan tenait à sa confidentialité. Le seul moyen d'arrêter Standoff, c'était de le mettre dans le secret pour de bon, et d'agir de concert avec lui.

Nous avions donc organisé une réunion discrète, au cours de laquelle j'avais tout déballé sur la table. La première réaction de Standoff avait été d'éclater de rire, tout comme moi au début de l'affaire.

Pourtant, après quelques heures de discussion — et comme, malgré tout, il connaissait bien l'Amérique ! —, il avait fini par admettre que ce sont les mystifications les plus invraisemblables qui suscitent le plus de passions et par se ranger à mon point de vue.

Or, cette croisade insensée pouvait provoquer des vocations parmi tout ce que l'Amérique comptait de fous sanguinaires inspirés par le premier prédicateur venu. Le gouvernement russe, de son côté, prendrait probablement la chose fort mal, et des complications diplomatiques étaient à prévoir.

Standoff avait donc convenu que le seul moyen de désamorcer cette bombe était de l'enterrer. Puisque Mossleigh avait réussi à calmer Warner et son Ordre — en enfermant quelques excités dans son ranch avant de les envoyer se perdre dans les glaces de l'Alaska, où les attendraient des troupes d'élite à qui nous expliquerions qu'il s'agissait d'éléments incontrôlés venus probablement de Russie —, il ne nous restait plus qu'une chose à faire : liquider tous les autres témoins.

Coutts ne survivrait pas au camp : la chose était claire pour Mossleigh. Quant aux autres, il fallait agir en douceur. De simples assassinats ne manqueraient pas de remuer l'opinion publique et une meute de journalistes. Il n'y avait rien à faire à cela, et c'était justement ce que nous devions éviter.

La meilleure méthode consistait à offrir, tant à la police qu'à la presse, un coupable tout désigné, taillé sur mesure, et dont les mobiles n'auraient rien à voir avec la politique. Ainsi était née la légende du *Boucher du Montana*.

L'exécution en serait confiée à Mossleigh, qui se trouvait sur place et avait à sa disposition une véritable armée d'assassins. Les hommes de main de Standoff s'appelaient Barons, Brocket, Claresholm et Lundbreck. Ils seraient les quatre victimes du *Boucher*... Quant à Coalhurst, eh bien, il serait la dernière. Je n'avais pas le choix.

Ayant passé le message à Mossleigh, je m'étais mis en quête de ce fameux Choutovskoï, qui était à la base de toute l'histoire. Et la seule piste qui permettait de remonter à lui s'appelait Lester Cowley.

Jamais je n'avais entendu parler de l'un ni de l'autre. Standoff non plus, apparemment. J'avais donc décidé de m'en occuper seul.

Ma première surprise avait été de découvrir que ce Cowley était un écrivain. Un gribouilleur de seconde zone qui moulinait des romans affligeants à une cadence infernale.

Pour un premier contact, je lui avais donné rendez-vous dans un café. Cowley y était arrivé quelques instants après moi. Je suis habitué à juger les gens assez rapidement. Très vite, j'avais compris que ce type n'avait rien à voir avec les illuminés du *Hidden Order for the Adoration of Xenon*. J'aurais juré aussi — il est vrai que je pourrais jurer sur n'importe quoi sans problème — qu'il disait la vérité. Ça ne changeait pas grand-chose, d'ailleurs. Que cette clownerie, à l'origine, ait été le fait d'un ancien prisonnier russe ou d'un écrivain américain, on aboutissait au même résultat. Choutovskoï n'existait pas ? Tant mieux. Un de moins !

Maintenant, le problème était de savoir ce qu'il fallait faire de ce bonhomme. L'envoyer au *Boucher du Montana* ne me semblait pas une idée très heureuse. Le *Boucher* devait rester une gloire locale. Mais, d'un autre côté, Cowley était-il dangereux ? Lui, il savait que son canular avait pris des proportions qui le dépassaient, et il commençait à avoir peur. Il ne parlerait donc pas, d'autant moins si j'entretenais un peu cette peur.

J'avais donc rappelé Standoff pour lui faire part de mon idée. Une petite mise en scène, très cinématographique, ferait l'affaire. Standoff, avec un acolyte qui prendrait l'accent russe, tâcherait de l'effrayer un peu, de telle façon qu'il s'imagine pourchassé par tous les services secrets du monde.

Quant à moi, qui l'attendrais chez lui après cette petite farce, j'enfoncerais le clou sans trop de difficulté. De fait, quand il était arrivé chez lui, passablement hébété, j'avais eu l'heureuse idée de lui parler du Montana. Quelques jours plus tard, Mossleigh ayant bien travaillé, on parlait du *Boucher* sur toutes les chaînes de télé du pays. Cowley ne devait pas en mener large !

Le lendemain même, d'ailleurs, l'appartement de Cowley était mis à sac ; on y retrouvait des traces de sang — le sien, l'analyse était formelle — et on y découvrait, bien dissimulées, des lettres de menace que la police s'était empressée de verser au dossier. L'écriture, certes, n'était pas celle de la victime, mais, ayant lu quelques-uns de ses livres pour me documenter, j'y avais reconnu son style amphigourique. J'avais souri, mais je m'étais bien gardé d'en parler…

Sur ce, n'ayant pas de nouvelles de Coalhurst, je m'étais rendu personnellement à Helena, dans le Montana, pour suivre l'affaire d'un peu plus près.

Mossleigh avait fait du bon boulot. Barons, le premier témoin, avait été liquidé selon une mise en scène qui définissait clairement le genre de l'assassin. L'opération *Boucher* prenait forme, la police locale pataugeait. Parfait.

Parfait, du moins, je le croyais. J'allais repartir quand Mossleigh était venu me voir, affolé. Il venait d'apprendre la mort de Cowley et en avait l'air tout retourné. Warner et d'autres membres de l'Ordre, inquiets, souhaitaient renforcer tout leur dispositif militaire.

J'avais dû me montrer rassurant, lui raconter que Cowley n'était pas vraiment mort, qu'il s'agissait d'une mise en scène destinée à… Destinée à quoi, au fait ? À faire disparaître « officiellement » tous ceux qui, de près ou de loin, avaient participé à cette affaire.

Mossleigh était reparti sans rien dire. Convaincu, je pensais. Erreur. Grossière erreur. Est-ce que je vieillissais ? J'avais parlé à Mossleigh sans prendre mes précautions habituelles, en le considérant comme un interlocuteur, disons, à ma hauteur.

Or Mossleigh, comme tous ceux qui travaillent pour nous, avait ses propres convictions, ses propres angoisses. Après tout, il était membre du *Hidden Order for the Adoration of Xenon*. Une taupe, en principe. Mais, il faut bien le reconnaître, il en avait parfaitement le profil. N'agissait-il pas véritablement, dans le fond, *pour* l'Ordre et non pas contre lui ?

Je me rendais compte que ce que je lui avais dit à propos de Cowley avait très facilement pu être interprété par lui comme une menace. En fait, je n'étais plus certain de contrôler vraiment la situation. Mossleigh n'était-il réellement qu'un pantin que je manipulais à mon gré ?

Dans les semaines suivantes, mes doutes étaient devenus des certitudes. Après la mort de Brocket et de Lundbreck, parfaitement exécutés, je n'avais toujours pas de nouvelles de Coalhurst et je me demandais si Mossleigh, plus malin que je ne le pensais, ne l'avait pas découvert et supprimé.

La question n'était pas demeurée longtemps sans réponse. Le cadavre de Coalhurst — le cinquième de la série, de laquelle il n'était pourtant pas prévu à l'origine — avait été découvert dans le nord de l'État, près de la frontière canadienne.

Qu'est-ce que Coalhurst était allé faire là-bas ? Le ranch de Mossleigh se trouvait plutôt dans le sud. Pourchassé par les hommes de ce dernier, Coalhurst avait-il tenté de se réfugier au Canada ? C'était peu probable. L'Ouest canadien n'aurait pas été plus sûr pour lui que le Montana ; il serait plutôt revenu en Californie.

En réfléchissant sur ce point, j'avais eu l'idée de regarder à quel endroit les autres cadavres avaient été découverts. Étrange, en effet. Les quatre points inscrits sur ma carte formaient une figure régulière, qu'on pouvait lire au choix, d'ailleurs, comme une croix ou comme une flèche pointée vers le détroit de Béring.

Coïncidence ? Trente ans de renseignement et de services secrets m'avaient fait bannir ce mot de mon vocabulaire. En fait, le jeu de Mossleigh se révélait peu à peu. Tout en suivant mes directives — éliminer les témoins —, il les détournait en les utilisant à rebours : les crimes, pour qui était attentif, étaient signés de la main de l'Ordre !

Mais Coalhurst, dans tout ça, pourquoi n'avait-il pas donné signe de vie ? Il n'était pas un débutant, il aurait dû trouver moyen de me joindre avant de se faire descendre. Il était assez averti…

Ou bien… ou bien… N'avait-il pas, lui aussi, joué un double jeu ? C'était bien possible, après tout. Il avait longtemps fréquenté des groupes analogues à celui auquel appartenaient Claresholm et ses comparses. Malgré les distances qu'il avait prises, apparemment, avec ses anciens compagnons d'armes, il avait dû conserver des contacts. Dans ce cas, c'est dans cette direction qu'il fallait chercher.

Claresholm était le dernier survivant des victimes prévues du *Boucher*. Je ne pouvais pas demander à Mossleigh de l'épargner. Il me fallait simplement le retrouver avant lui et, si possible, le protéger jusqu'à ce que je mette la main sur un hypothétique rapport transmis par Coalhurst avant de mourir.

J'avais peu de temps. Pour accréditer la thèse du *Boucher*, les meurtres devaient être légèrement espacés dans le temps. Un tueur en série, même prolifique, n'est pas une usine. J'avais donc mis deux agents sur la trace de Claresholm, avec pour mission de ne pas le lâcher d'une semelle et, éventuellement, de le protéger contre Mossleigh et les tueurs de l'Ordre.

Curieusement, Claresholm ne semblait même pas se cacher. Il savait pourtant ce qui l'attendait. Il avait l'air d'attendre sa mort avec la plus complète résignation, passant son temps à bouquiner ou à visiter des musées. Étrange, là encore…

Mes agents, pour leur part, se contentaient de l'avoir à l'œil. Qu'un anarchiste ou un communiste fréquente les bibliothèques, ça ne leur semblait pas insolite. Un bon Américain va au base-ball, un mauvais lit des livres. Tout est dans l'ordre…

Je leur avais tout de même demandé de vérifier quels titres il avait choisis. La réponse ne m'avait pas étonné. Selon une employée de la bibliothèque, quand Claresholm repartait après une journée de lecture, il laissait derrière lui toute une pile des bouquins de Lester Cowley !

On m'avait aussi signalé une rencontre. Anodine, sans doute, mais ce métier consiste à ne rien négliger. La veille de sa mort, Claresholm avait eu l'air de discuter, de façon très discrète, avec un inconnu, à une table de café.

Un de mes agents l'avait pris en photo. L'identification par nos services centraux n'avait pas pris deux heures : il s'agissait d'un certain Larry Carway, journaliste autonome et sympathisant de l'extrême gauche militante. Bien sûr ! Nous pouvions lâcher Claresholm. L'homme à abattre, maintenant, c'était Carway.

Fallait-il le suivre, le protéger ? Pourquoi, dans le fond ?... Un de ces crétins de l'Ordre allait sans doute se charger de le liquider dans la montagne, comme les autres, avec la petite mise en scène macabre habituelle.

À vrai dire, je commençais à être un peu dégoûté par toute cette histoire. N'y avais-je pas accordé trop d'importance ? L'intervention de Standoff me donnait à penser que non. Cette mascarade aurait pu dégénérer en une série de troubles et de quiproquos entre diplomaties russe et américaine dont il aurait été difficile de se dépêtrer.

Mais, d'un autre côté, avais-je encore un rôle à jouer ? La seule crainte à avoir, dans cette affaire, était qu'elle éclate au grand jour et ne suscite dans l'opinion publique des réactions incontrôlables. Or justement, qui mieux que ces fous du *H.O.A.X.* était à même de maintenir le secret le plus total autour de cette aberrante mystification ?

Quel que soit le rôle joué par Mossleigh, quel que soit son véritable but, l'entreprise échouerait fatalement là où je l'avais prévu : dans les glaces de l'Alaska. Et même si l'armée américaine ratait son coup, un petit coup de fil à Standoff et quelques anciens musclés de l'Armée rouge achèveraient le travail de nettoyage.

Les semaines ont passé et, semble-t-il, les événements m'ont donné raison. Calme plat. Le Pentagone a été prévenu et des manœuvres ont été organisées en Alaska. Je ne crois pas que Mossleigh accompagnera ses troupes. C'est un homme prudent. Il est bien possible, même, qu'il les fasse s'entr'égorger dans sa propriété. Qui a cru vraiment à toute cette histoire ?

Au bout du compte, la seule chose qui m'intéresserait encore, par curiosité personnelle, ce serait de savoir ce qu'est devenu Lester Cowley.

J'ai ma petite idée là-dessus. Les écrivains, même quand ils font semblant de se cacher, font tout ce qu'ils peuvent pour attirer l'attention. C'est plus fort qu'eux. C'est leur raison de vivre…

Aussi, quand j'ai entendu parler, récemment, d'un certain Lance Cardston, de Calgary, au Canada, et de sa façon de fouiner au bord de la frontière, d'y déterrer les morts pour les faire parler, je me suis dit : Tiens, tiens ! ce vieux Cowley est encore en train de faire des siennes…

Table des matières

DU MÊME AUTEUR

Collection Atout

L'Assassin impossible

Un coup de feu, un corps dans la neige et aucune trace du tueur ! En vacances dans un chalet de ski, quatre amis sont pris au piège dans une vallée enneigée des montagnes Rocheuses. Comment résoudre une énigme quand on a si peu d'indices ?

Piège à conviction

Une excursion scolaire tourne au drame et entraîne la mort d'un élève. Zach n'est pas un élève populaire. C'est sur ce solitaire que les soupçons se portent. N'a-t-il pas été le dernier à voir Mike vivant ? Qui sait vraiment la vérité ? Les pièces à conviction deviennent un « piège à conviction ». Zach, lui-même, n'est plus sûr de rien !

Sang d'encre

Louis Ferdine est un auteur de romans policiers. En mal d'imagination, il décide de faire figurer dans son prochain roman son éditeur, qui sera réellement victime d'un odieux assassinat. Il était loin de se douter que, très vite, la réalité rejoindrait la fiction. Jusque dans ses moindres détails. Voilà qui est très inquiétant quand il s'agit d'écrire une histoire avec des meurtres en série…

Zone d'ombre

Comment une fille comme Bérénice peut-elle en arriver à assassiner quelqu'un ? se demande Zach.
Trois témoins ont assisté à l'horrible événement, mais aucun d'entre eux n'a vu la même chose. Leurs trois récits forment

ce roman et dans chacun, c'est l'identité du meurtrier et même celle de la victime qui diffèrent ! Que s'est-il donc vraiment passé ? Qui fera la lumière sur ces zones d'ombre ?

Série grise

Louis Ferdine, auteur bien connu de romans policiers, est invité à une soirée Meurtre et mystère par un groupe de l'âge d'or. La soirée tourne vite au cauchemar lorsqu'une série de meurtres réels se produisent !
Ferdine, le jeune Zach et le docteur Hunter cherchent le coupable pour échapper aux soupçons.

Partie double

L'écrivain Louis Ferdine et le docteur Hunter sont aux prises avec un insaisissable imposteur. Louis Ferdine est stupéfait ! Qui donc se fait passer pour lui, à Vancouver, et dans quel but ? Ferdine essaie de le découvrir en se lançant à la poursuite de son double.

La Valise du mort

Marcus croit qu'il vient de tuer son père accidentellement. Il s'enfuit alors dans la ville de Calgary. Mais un mystérieux inconnu l'intercepte sur la route et Marcus hérite d'une valise secrète indésirable. Que contient-elle ? Il sera entraîné malgré lui dans une sombre aventure, où la mort est au rendez-vous... Un roman policier mettant en vedette le docteur Hunter et de nouveaux personnages.

Vengeances

L'écrivain Louis Ferdine est en vacances en France, dans son village natal. Il assiste au déchirement de deux familles : les Ferdine et les Brivault. Des chiens égorgés et pendus, des poursuites armées et de mystérieuses disparitions... Pourquoi toutes ces vengeances ?

Collection Caméléon

L'Idole masquée

Les parents de Sandy l'invitent à vivre une expérience extraordinaire : un périple dans le désert du Sahara à dos de dromadaire !
Avant de partir, Sandy a imaginé le voyage. Mais une fois dans le désert, la réalité est bien différente : les surprises abondent dans le territoire des hommes bleus et de la mystérieuse idole masquée !

Collection Plus

L'Araignée souriante

À l'occasion de l'Halloween, on expose à l'école d'Odilon Gagnon l'*Araignée qui sourit* du grand peintre Odilon Redon. Quand la toile disparaît mystérieusement, Odilon Gagnon devient le suspect numéro un. Odilon et son ami Oscar mènent l'enquête.

Les titres de la collection Atout

1. ***L'Or de la felouque*****
   Yves Thériault
2. ***Les Initiés de la Pointe-aux-Cageux*****
   Paul de Grosbois
3. ***Ookpik*****
   Louise-Michelle Sauriol
4. ***Le Secret de La Bouline****
   Marie-Andrée Dufresne
5. ***Alcali*****
   Jo Bannatyne-Cugnet
6. ***Adieu, bandits !****
   Suzanne Sterzi
7. ***Une photo dans la valise****
   Josée Ouimet
8. ***Un taxi pour Taxco*****
   Claire Saint-Onge
9. ***Le Chatouille-cœur****
   Claudie Stanké
10. ***L'Exil de Thourème*****
    Jean-Michel Lienhardt
11. ***Bon anniversaire, Ben !****
    Jean Little
12. ***Lygaya****
    Andrée-Paule Mignot
13. ***Les Parallèles célestes*****
    Denis Côté
14. ***Le Moulin de La Malemort****
    Marie-Andrée Dufresne
15. ***Lygaya à Québec****
    Andrée-Paule Mignot
16. ***Le Tunnel*****
    Claire Daignault
17. ***L'Assassin impossible****
    Laurent Chabin
18. ***Secrets de guerre*****
    Jean-Michel Lienhardt
19. ***Que le diable l'emporte !*****
    Contes réunis par Charlotte Guérette
20. ***Piège à conviction*****
    Laurent Chabin
21. ***La Ligne de trappe*****
    Michel Noël
22. **Le Moussaillon de la Grande-Hermine***
    Josée Ouimet

23/23. ***Joyeux Noël, Anna****
Jean Little

24. ***Sang d'encre*****
    Laurent Chabin

25/25. ***Fausse identité*****
Norah McClintock

26. ***Bonne Année, Grand Nez****
    Karmen Prud'homme

27/28. ***Journal d'un bon à rien*****
Michel Noël

29. ***Zone d'ombre*****
    Laurent Chabin
30. ***Alexis d'Haïti*****
    Marie-Célie Agnant
31. ***Jordan apprenti chevalier****
    Maryse Rouy
32. ***L'Orpheline de la maison Chevalier****
    Josée Ouimet
33. ***La Bûche de Noël*****
    Contes réunis par Charlotte Guérette

34/35. ***Cadavre au sous-sol*****
Norah McClintock

36. ***Criquette est pris*****
Les Contes du Grand-Père Sept-Heures
Marius Barbeau

37. ***L'Oiseau d'Eurémus*****
Les Contes du Grand-Père Sept-Heures
Marius Barbeau

38. ***Morvette et Poisson d'or*****
Les Contes du Grand-Père Sept-Heures
Marius Barbeau

39. ***Le Cœur sur la braise*****
Michel Noël

40. ***Série grise*****
Laurent Chabin

41. ***Nous reviendrons en Acadie !****
Andrée-Paule Mignot

42. ***La Revanche de Jordan****
Maryse Rouy

43. ***Le Secret de Marie-Victoire****
Josée Ouimet

44. ***Partie double*****
Laurent Chabin

45/46. ***Crime à Haverstock*****
Norah McClintock

47/48. ***Alexis, fils de Raphaël*****
Marie-Célie Agnant

49. ***La Treizième Carte****
Karmen Prud'homme

50. ***15, rue des Embuscades****
Claudie Stanké et Daniel M. Vincent

51. ***Tiyi, princesse d'Égypte*****
Magda Tadros

52. ***La Valise du mort*****
Laurent Chabin

53. ***L'Enquête de Nesbitt****
Jacinthe Gaulin

54. ***Le Carrousel pourpre*****
Frédérick Durand

55/56. ***Hiver indien*****
Michel Noël

57. ***La Malédiction*****
Sonia K. Laflamme

58. ***Vengeances*****
Laurent Chabin

59. ***Alex et les Cyberpirates*****
Michel Villeneuve

60. ***Jordan et la Forteresse assiégée*****
Maryse Rouy

61/62. ***Promenade nocturne sur un chemin renversé ******
Frédérick Durand

63/64. ***La Conspiration du siècle******
Laurent Chabin

* Lecture facile ** Lecture intermédiaire *** Lecture difficile

Imprimé au Canada